CÓMO EDUCAR A LAS PERSONAS CON ÉXITO

La guía definitiva para construir una mente exitosa

Antonio Martínez

Copyright Todos los derechos reservados.

Este libro electrónico se proporciona con el único propósito de ofrecer información relevante sobre un tema específico para el que se han hecho todos los esfuerzos razonables para garantizar que sea preciso y razonable. Sin embargo, al comprar este libro electrónico, usted acepta que el autor y el editor no son en absoluto expertos en los temas contenidos en él, independientemente de las afirmaciones que puedan hacerse al respecto. Por lo tanto, cualquier sugerencia o recomendación que se haga en el mismo se hace con fines puramente de entretenimiento. Se recomienda consultar siempre a un profesional antes de poner en práctica cualquiera de los consejos o técnicas que se exponen.

Se trata de una declaración jurídicamente vinculante que es considerada válida y justa tanto por el Comité de la Asociación de Editores como por el Colegio de Abogados de Estados Unidos y que debe considerarse jurídicamente vinculante dentro de este país.

La reproducción, transmisión y duplicación de cualquiera de los contenidos aquí encontrados, incluyendo cualquier información específica o ampliada, se realizará como un acto ilegal independientemente de la forma final que adopte la información. Esto incluye las versiones copiadas de la obra, tanto físicas como digitales y de audio, a menos que se cuente con el consentimiento expreso de la editorial. Quedan reservados todos los derechos adicionales.

Además, la información que se encuentra en las páginas que se describen a continuación se considerará exacta y veraz a la hora de relatar los hechos. Por lo tanto, cualquier uso, correcto o incorrecto, de la información proporcionada dejará al editor libre de responsabilidad en cuanto a las acciones realizadas fuera de su ámbito directo. En cualquier caso, no hay ninguna situación en la que el autor original o la editorial puedan ser considerados responsables de ninguna manera por cualquier daño o dificultad que pueda resultar de cualquier información discutida aquí.

Además, la información contenida en las páginas siguientes tiene únicamente fines informativos, por lo que debe considerarse universal. Como corresponde a su naturaleza, se presenta sin garantía de su validez prolongada ni de su calidad provisional. Las marcas comerciales que se mencionan se hacen sin el consentimiento por escrito y no pueden considerarse en ningún caso un respaldo del titular de la marca.

Contenido

ALBERT PIAGET .... Error! Bookmark not defined.

SINOPSIS 5

    CAPÍTULO UNO: 9

        CAPÍTULO DOS: 31

CAPÍTULO TRES: 56

    CAPÍTULO CUARTO: 93

        CONCLUSIÓN: *CUIDA DE TI MISMO* 103

SINOPSIS

LA HISTORIA DE ESTHER WOJCICKI

Una de las razones por las que las personas acuden a Esther Wojcicki para que les aconseje sobre la crianza de sus hijos es que sus tres hijas son súper exitosas: Susan es la directora ejecutiva de YouTube, Janet es profesora en la Universidad de San Francisco y Anne es la directora ejecutiva de 23andMe.

Además, Wojcicki ha sido educadora durante mucho tiempo, ayudando a fabricar un programa de expresiones mediáticas de renombre mundial en el instituto de Palo Alto. Entre los productos del programa se encuentran James Franco, el galardonado actor, director y ensayista; Jeremy Lin, licenciado en Harvard y miembro de los Atlanta Hawks; y Craig Vaughn, clínico de desarrollo de la clínica médica infantil de Stanford.Con sus propios hijos, así como con otros, Wojcicki ha exhibido un éxito real. ¿Y cuál es el secreto?

Su orientación de cinco puntos se presenta como normas, no como reglas, lo que implica que no se parece en nada a gran parte de las orientaciones existentes sobre la crianza de los hijos, sino que atraviesa los años, desde el parto hasta la edad de los niños pequeños y la forma de responder cuando crecen y llenan la casa. Son: confianza, respeto, independencia, colaboración (cooperación) y amabilidad (TRICK). Todo se reduce a valorar a tus hijos por lo que es su identidad, no por lo que tú quieres que sean, y a dejar de lado los convencionalismos en la medida de lo posible. Los niños son más capaces de lo que los padres pueden entender, y necesitan más espacio para desarrollarse de lo que sus padres les dan. Wojcicki sigue un mantra muy desgastado, pero aún necesario en nuestros tiempos: dejar que los niños fracasen (el examen de clase, el de piano, la prueba, lo que sea).

"Se supone que los niños deben meter la pata de pequeños para que la metan menos de mayores", señala en su libro *"How to Raise Successful People"* *(Cómo educar a personas con éxito), en el que* afirma que la mayoría de los instructores son conscientes de que el fracaso es básico para el aprendizaje, pero la mayoría de los padres parecen no saber nada de esta realidad tan importante.

El objetivo, nos recuerda, es hacerse invisible educando a los niños para que se conviertan en personas eficaces y trabajadoras; molestas constantemente ni protegidas del fracaso. La confianza no se concibe desde la sobreprotección, se concibe desde el hacer y el arriesgar. Esther vistió a sus hijos como si fueran adultos desde el principio, confiando en ellos para que hicieran cosas: nadar al año y medio; separarse en un supermercado; ir a la tienda sola a los tres y a los cuatro años (últimamente lo hacía con dos nietas, dejándolas en Target y recogiéndolas una hora después, y Susan no se asombraba).

"Quieres que tu hijo quiera estar contigo, no que necesite estarlo", escribe además. Además, todos los niños lo hacen: a raíz de las galopadas por el mundo, todos viven cerca unos de otros y comen juntos al menos una vez por semana.

Habla mucho de la confianza: creer en ti mismo para tomar la mejor decisión y creer en tu hijo para hacer tareas cuando no sabe casi nada o para tomar decisiones importantes para su edad. Los niños pueden hacer mucho más de lo que los padres les reconocen. Sea como fuere, los padres deben modelar el comportamiento que quieren ver, dando a los niños consecuencias cuando meten la pata, perdonándoles los errores y no soportando el resentimiento. Dar a un niño un smartphone cada vez que

el individuo en cuestión está molesto, y ese niño no aprenderá la estabilidad, ni cómo superar el cansancio.

"Los niños te escucharán -quieren tu apoyo y tu amor-, pero si quieren ser optimistas, tendrán que descubrir cómo escucharse a sí mismos", dice. "Utiliza la confianza para conseguirla".

LA HISTORIA

Wojcicki aprendió pronto a no confiar en nadie, ni en nada. Cuando su hermano menor se comió un envase de aspirinas a los 16 meses y cuatro hospitales los dieron de baja, su madre, una trabajadora judía ortodoxa, no confió en sus impulsos, tomó la declaración del hospital y David estiró la pata. Su padre, también obrero, declaró que los jóvenes no eran necesarios para ella, y se mostró frío y distante. Wojcicki se deshizo de las reglas de su infancia, consiguió una beca en Berkley, conoció a su marido (un físico experimental), y después crió a tres hijos y montó un aula trabajando con sus sentidos, no con lo que otros le decían en el camino.

Su desconfianza en las instituciones y en la forma de pensar estándar la liberó. Cuando empezó a recordar hace 36 años, los consejeros le dijeron que construyera un aula basada en la coherencia, que "no sonriera hasta Navidad" y que castigara a los niños para aumentar su poder. Ella, sea como sea, hizo lo contrario: confió en los niños, se rió con ellos y encontró un buen ritmo. Les dio el control de su aprendizaje en forma de tareas y cooperación (mucho antes de que se estilara) y les permitió elegir su pasión e intereses.

Hubo deslices, consecuencias y, al final, perdón. En cualquier caso, la escuela la consideraba salvaje e incapaz de "controlar" un aula; en cualquier momento que el jefe visitaba, los niños hablaban y a veces (jajaja) se lo pasaban bien. Ella hizo partícipes a sus hijos del misterio: en caso de que no estuvieran tranquilos cuando entrara el jefe, ella perdería la calma. Entonces la mantenían en calma.

Como todos los buenos libros para padres, el de Wojcicki aborda la valentía. El sufrimiento de las dificultades es lo que hace que se reúnan las agallas, señala. Se refiere a historias lamentables de niños que tienen pánico a fracasar en la escuela por temor a frustrar a sus padres; al igual que otros educadores, Wojcicki ha observado un trauma emocional en los niños que dicen sentirse totalmente impotentes. Sea como fuere, también observa a los individuos que se empeñan en algo porque lo quieren. "Esto es lo que queremos hacer surgir en nuestros hijos", señala, "la garra que brota del impulso inquebrantable y agudo y que les ayuda a superar cualquier ejemplo". (En este sentido, es muy posible que se instruya, dice). Los niños deben elegir sus deseos y pasiones: no los padres. Ana era una artista capaz, sin embargo quería ser patinadora sobre hielo. Así que se convirtió en patinadora sobre hielo.

Y ahí lo tienes: **TRICK (Confianza, Respeto, Independencia, Colaboración y Bondad).** Este libro aplica el TRICK de Wojcicki y muchas más estrategias parentales para crear un marco de trabajo para una crianza exitosa. El capítulo uno esboza el importante atributo de que los padres no intervengan en la elección de la carrera de sus hijos (Independencia); el capítulo dos examina el lugar de la amistad entre el padre y los hijos; si deben ser amigos del alma, ¿no dañará eso el alma misma de la paternidad? Este capítulo se hace eco de la Confianza y el Respeto. El capítulo tres aborda uno de los temas más candentes de la paternidad: La disciplina. Cuál es la forma correcta de disciplinar y no convertirse en un enemigo para tu hijo. En este capítulo se habla de la Bondad como tema central. Por último, el capítulo cuatro aborda el tema de ser un modelo de conducta como padre; este se centra en la Colaboración. Así que los componentes4 están bien tratados.

CAPÍTULO UNO:

DEJE QUE SU HIJO DESCUBRA SUS PROPIAS PASIONES

INDEPENDENCIA

Cuando creciste como niño, probablemente viviste en una época en la que la tecnología era limitada (al menos en comparación con la actual), y en la que las opciones profesionales "sensatas" se limitaban en gran medida a profesiones como la medicina, el derecho, la ingeniería (hardware), la economía y la contabilidad y algunas otras. En aquella época -recuerda- los padres hacían que sus hijos hicieran estas carreras o ninguna otra cosa y cualquiera que no estuviera en estos campos era un fracasado o una nulidad. Hoy en día, la gente se dedica a la programación informática, al desarrollo de software, al aprendizaje automático, al comercio electrónico y al marketing digital, a la música y a la cinematografía (a tiempo completo), etc.; carreras que entonces prácticamente no existían o que nuestros padres despreciaban.

Del mismo modo, en tiempos pasados (aquellos en los que crecimos como niños), la satisfacción profesional o, para decirlo con propiedad, el trabajo ideal, era aquel en el que se podía obtener la mayor recompensa económica; en resumen, las carreras mejor pagadas eran las mejores. Pero hoy en día, la gente tiene en cuenta una amplia gama de factores que entonces se habrían considerado insignificantes o directamente tontos. Escuchamos cosas como el equilibrio entre la vida laboral y la personal, la propensión a crear un impacto, la alineación con la pasión, entre otras. En resumen, el trabajo mejor pagado no es el trabajo o la carrera más importante.

Estos son los tiempos en los que nuestros hijos crecerán, y como tal tenemos que repensar cómo los padres manejan a nuestros hijos en relación con sus pasiones (y elecciones de carrera). ¿Por qué tanto lío con la elección de carrera o las pasiones o la selección de trabajo? ¿Y por qué empezar este libro con eso?

Pasamos muchas horas a la semana, sin fin, haciendo trabajo. Hacer un trabajo que te gusta hace que la vida sea mucho más satisfactoria. En consecuencia, es básico que trabajemos para dirigir y potenciar a nuestros hijos en su misión de descubrir y realizar el trabajo que les gusta.

El estatus del trabajo en los órdenes sociales contemporáneos es la consecuencia de un proceso largamente cronificado. El trabajo se ha convertido en un componente central de ordenación tanto de la sensatez como de la moral de nuestros órdenes sociales. Las relaciones de creación y uso, de producción y consumo, son actualmente el punto central de la asociación monetaria y de la vida social. A pesar de su conspicua importancia conservadora, el trabajo es también central en algunos ámbitos diferentes, en particular en su papel como componente unificador, como fuente de oficios sociales y como elemento de carácter individual. El trabajo, en este punto, puede verse como el pilar de la organización social, pero, en gran medida, como un pilar importante de la asociación existencial de los individuos. Precisamente por ello, el trabajo se ha convertido en un elemento crucial en muchas mediciones de la inclusión social, como la salud, la vivienda y las redes relacionales.

¿Qué tal si resumimos la importancia del trabajo tanto a nivel individual como social?

Para las personas, el trabajo es un elemento importante en la estructuración de la personalidad personal y social; los vínculos familiares y sociales; las formas de ganar dinero y, por tanto, de adquirir una serie de bienes, servicios y utilidades esenciales y no esenciales; las rutinas diarias; el nivel de acción; el bienestar físico y mental; la confianza en uno mismo y la autoestima; el sentimiento de autoestima creado por el sentimiento de contribuir a la sociedad o al bien común.

Para las sociedades, el trabajo es un elemento importante para: promover la cohesión y el bienestar de la comunidad; aumentar la participación cívica; reducir el gasto público en una serie de disposiciones de bienestar (siempre que, por supuesto, el trabajo se realice en un empleo decentemente remunerado); promover el desarrollo social y económico; organizar la vida de la sociedad a nivel macro.

Por lo tanto, se reconoce ampliamente que el trabajo desempeña un papel importante como fuente de bienestar y mezcla social. Es decir, el trabajo sigue teniendo un papel fundamental en el bienestar psicológico del individuo y en la estructuración de su biografía, estructurando así el sentido que atribuye a su vida personal. Como actividad, el trabajo organiza El trabajo, como actividad, organiza y da sentido al uso del tiempo en una sociedad que ha programado sus ritmos en función del trabajo . El trabajo, El trabajo, por tanto, es importante para estructurar la vida diaria y dar un sentido de continuidad; también es un antídoto contra el aburrimiento y el desánimo.

Por todo ello, el trabajo informal, a veces incluso ilegal, se busca no sólo porque da ganancias económicas para satisfacer al menos las necesidades básicas, sino también porque ayuda a organizar la vida diaria y proporciona un sentido de utilidad y ocupación. y proporciona un sentido de utilidad y ocupación. A la inversa, la pérdida del trabajo es un importante factor de desestabilización, como revelan los relatos de las personas marginadas. De hecho, tanto la investigación etnográfica como las biográficas demuestran que el desempleo, el trabajo intermitente y los empleos mal pagados juegan un papel importante en la descalificación social de los drogadictos de la calle y de los sin techo. En una sociedad que educa para el trabajo y que sigue equiparando el éxito personal no sólo con el éxito económico, sino también con el estatus profesional, la pérdida del trabajo y la erosión de su calidad tienen un fuerte impacto negativo en la percepción que los individuos tienen de sí mismos.

En resumen, el trabajo es apilar en la construcción de las sociedades. En efecto, la distinción entre las clases trabajadoras y las peligrosas , entre los individuos que trabajan y los perezosos, se encuentra en el corazón moral de nuestras sociedades. El trabajo se ha convertido desde hace tiempo en una frontera: permite distinguir entre la normalidad y la desviación. También se ha convertido en un instrumento disciplinario, que debe permitir reconducir a los individuos al respeto de las normas y al sentido de la utilidad social. Como tal, también se ha convertido en una herramienta de regeneración (véase, por ejemplo, la reeducación de jóvenes delincuentes y la reinserción de antiguos reclusos).

Mientras que los teóricos de las sociedades postindustriales sostenían que el trabajo perdería progresivamente importancia, sobre todo por las transformaciones provocadas por el progreso tecnológico y la creciente importancia del tiempo libre, la verdad es que el impacto social y económico del actual aumento del desempleo demuestra que el trabajo sigue siendo una pieza central de nuestras sociedades. Por lo tanto, no sólo es un medio indispensable para aumentar el sentido de utilidad y pertenencia de los individuos, sino también para proporcionar medios financieros.

El trabajo tiene su lado bueno. Nuestra vida es una extraña mezcla de varias instantáneas de actividad e inacción, de trabajo y descanso. El trabajo nos da una felicidad inventiva interna. Nos libra de la crudeza y el cansancio de la vida. Nos da un uso adecuado a nuestras energías. Las energías no utilizadas nos hacen perder el tiempo. Nos hacen verdaderamente desafortunados e intelectualmente problemáticos. El tiempo se equilibra sustancialmente sobre nuestros hombros cuando no hay trabajo. Nos da dinero para nuestra vida. Hace que nuestra vida sea significativa y serena.

La pereza es más tediosa e insoportable que el trabajo. De hecho, incluso el trabajo más impagado, inmaterial y molesto es superior a no trabajar. Para un trabajo extremadamente útil y alegre, dos cosas son esenciales. El trabajo valioso es algo no tan grande al principio, pero excepcionalmente encantador hacia el final. Para obtener el mayor deleite de la vida, debemos pensar en la existencia en general, y en cómo contribuimos a ella. El gran trabajo paga y el trabajo insatisfactorio devasta al final. Cada hombre que aprende alguna habilidad útil la aprecia hasta que se desarrolla totalmente. El componente de utilidad es una fuente importante de felicidad. En el momento en que un trabajador desarrolla algo nuevo. Se siente energizado y elevado y de esta manera obtiene el placer de su trabajo imaginativo.

Donde no hay necesidad, no hay trabajo. Donde no hay trabajo, no hay felicidad en la vida cotidiana.

Dado que la carrera profesional es tan importante, los padres tienen que ser conscientes de cómo guiar a sus hijos en el proceso. Por lo general, recomiendo que, al orientar a sus hijos en el proceso de selección de carrera, los padres se mantengan lo más "alejados" posible (ya me imagino ese ligero ceño fruncido en la frente). Sí, esto apesta a independencia. Pero eso es principalmente todo lo que hay que hacer. Puede que digas: "pero estos niños son ingenuos, no saben nada; ¿qué experiencia tienen?". Pues yo creo que se equivoca. Y es que la investigación ha demostrado que los niños de hoy son más inteligentes a edades más tempranas que la generación pasada a esas edades. ¿Por qué crees que seguimos teniendo nuevos jóvenes prodigios del ajedrez que surgen de vez en cuando? ¿Por qué no tuvimos jóvenes como Greta Thurnberg y Malala Yousafzai en los años setenta y ochenta?

Esto puede atribuirse a una serie de factores:

Grados superiores de educación

En la actualidad, los niños asisten a las universidades más de lo que lo hacíamos nosotros como padres y cuentan con increíbles programas de preparación temprana antes de comenzar la escuela. Estos dos componentes, en concreto, afectan a la capacidad latente del niño y a sus logros. Hay grandes modificaciones en los planes de estudio de las escuelas. El programa educativo de hoy en día no se centra en la memorización como antes. Más bien se centra en la aplicación a nuevas condiciones para resolver problemas. La investigación nos revela continuamente que ser un solucionador de problemas correcto es fundamental para que nos enfrentemos adecuadamente a la situación y a las tareas.

Acceso a recursos ilimitados

A diferencia de muchos de sus padres y abuelos, los niños de hoy en día pueden acceder a un universo mundial de información a través de los medios de comunicación en línea y la web. Piensa en esto como un paso de llegar a una biblioteca excepcionalmente pequeña, de barrio, a una que se extiende a lo largo del globo. Lo que esto implica significativamente es que los niños no tienen que depender únicamente de los pensamientos de sus padres o de los individuos de su red de vecinos para dar forma a su razonamiento.

Actualmente tienen acceso a un ámbito perpetuo de libros, imágenes, tablas de información, grabaciones, diarios web, juegos y diferentes recursos creados por varias personas con pensamientos e información variados. Su biblioteca mundial les anima a pensar de un modo que los niños no han podido hacer hasta ahora.

Se valoran mejor

Otra buena razón por la que los niños superan nuestros deseos es porque se lo permitimos. Antes se creía que los niños eran recipientes sin llenar y que nosotros, como adultos, los llenaríamos con nuestra perspicacia. También se esperaba que los niños vivieran según la norma de que debían ser vistos y no escuchados. Ambas líneas de razonamiento ahogan los ejercicios y el pensamiento de los niños. Es probable que los niños no sean personas de éxito en una situación que va en contra de que se manifiesten.

Lo que cada una de estas variables significa a todos los efectos es que son cambios seguros en la forma en que los niños viven la infancia. No tenemos ni la más remota idea de hasta dónde pueden llegar nuestros hijos; es una posibilidad energizante. En cualquier caso, lo que sí sabemos es la importancia de tener confianza en los niños y apoyarlos en su aprendizaje.

Mayor conciencia y responsabilidad de la sociedad

Debido a una mejor educación y a algunos otros factores ambientales, se puede convenir en que nuestros niños suelen estar más inclinados e interesados en sus sociedades y en las complejidades socioeconómicas que las mantienen unidas. Por eso tenemos a jóvenes como Thurnberg y Yousafzai que son campeones de la acción climática y de la educación de las niñas, respectivamente. Está comprobado que hay un ejército de jóvenes intelectuales que defienden tanto los temas conservadores como los liberales, una hazaña inviable hace años.

Además, la investigación ha demostrado que una de las cosas más importantes que los niños necesitan de sus padres es la libertad para hacer cosas y resolverlas por sí mismos, y a edades cada vez más tempranas. Un estudio de TP-LINK UK realizado en Gran Bretaña sugiere que los niños quieren una libertad sustancial a partir de los once años. Esas libertades incluyen el acceso a la llave de la puerta, la libertad de estar en línea y hacer lo que quieran en Internet durante el mayor tiempo posible, la libertad de conocer y salir con (nuevos) amigos, y muchas más. El estudio recomendaba -y lo reiteramos- que los padres no pueden impedirlo ni oponerse a ello con fuerza de ningún tipo. Eso no les conviene. Lo que sí pueden hacer es apoyar esta libertad, pero creando marcos que les guíen para que esta libertad sólo tenga aspectos positivos y no otros.

Cómo puede usted, como padre, apoyar la independencia de su hijo:

Empezar pronto

A pesar de que los niños desean que se les pongan límites, también les gusta y necesitan aplicar su independencia. Desde que su hijo es un bebé, independientemente de que esté aprendiendo habilidades lingüísticas. Puedes dejar que tu hijo tome decisiones como elegir el tipo de vaso en el que debe beber su zumo o la camiseta que debe llevar a la guardería. Las tareas ordinarias también son oportunidades para apoyar la libertad. Deje que su hijo elija los cereales o los huevos para el desayuno, o que elija el libro que va a leer en la hora del cuento. Puede ayudarle a elegir las mejores manzanas del mercado, o ser responsable de desechar los envoltorios después del tiempo de juego en la zona de recreo. Dejar que tu pequeño elija y se encargue de las tareas propias de su edad cultiva su libertad de creación, demuestra su obligación e incluso puede formar capacidades de comprensión de problemas.

Ten en cuenta que los niños más jóvenes necesitan más oportunidades para ejecutar sus nuevas aptitudes dinámicas. Concédase unos diez minutos más mientras le permite hacer cosas como vestirse solo o cepillarse los dientes. Cada vez será más adecuado dejarle trabajar en una parte de estas habilidades independientes cuando usted no esté agobiado y se sienta apurado por el hecho de que le está llevando un tiempo insondable elegir qué par de medias usar para su cabello,

Déjeles tomar las riendas

Como guardianes ocupados, básicamente no podemos hacerlo todo. Ni tampoco deberíamos necesitarlo. Sobre todo cuando tenemos hijos que pueden prestarnos alguna ayuda.

Uno de los trabajos más tediosos en nuestra unidad familiar es el de proporcionar cenas. Lo reconozco, me apetece mucho preparar una cena agradable para la familia que lavar un montón de blancos desordenados, sin embargo, hacer la comida para ocho bocas hambrientas tres veces al día es tedioso. Puedes dejar que tus hijos adquieran destreza en el manejo de la despensa; deben conocer pronto la cocina. Los niños más jóvenes pueden ayudar a poner y recoger los platos, mientras que los más mayores pueden familiarizarse con las delicias de preparar un plato de verduras mixtas (¡aquí y allá de verdad!), ayudar a organizar los menús e ir a hacer la compra de alimentos.

Cree un espacio para el tiempo no estructurado

Otro enfoque para ayudar a su hijo a aumentar su libertad es permitirle disponer de tiempo personal. Esto puede parecer un enfoque sin sentido e improductivo para permitir que su hijo gane sus alas, sin embargo muchos especialistas se opondrían a esta idea.

Los niños necesitan descubrir las cosas que les fascinan y tener la oportunidad de invertir energía en las cosas que les gustan. Los tutores pueden instar a los niños a ser progresivamente autónomos no programando en exceso todo su tiempo extra después del colegio y los fines de semana. Más bien, ofrecerle un tiempo personal en el que pueda comprobar sus propios intereses. Descubrir enfoques para mantener su imaginación sin una dirección constante sobre la mejor manera de mantenerse ocupado.

No les pagues la fianza

Como tutores, tenemos que proteger a nuestros hijos del camino de los problemas y de los daños y frustraciones de la vida. Además de que eso es descabellado, no es beneficioso. Dé a su hijo la dotación de permitirle aprender de sus errores.

En el artículo de Psychology Today, *Los errores mejoran el aprendizaje de los niños*, la doctora Marilyn Price-Mitchell compone que la sociedad limita la capacidad de los niños para ser grandes. Así, los tutores alimentan esta situación ocultando los errores de sus hijos. Eso incluye incluso cosas como remediar las tareas escolares para ayudar a mejorar sus calificaciones. Mitchell prescribe que los tutores se abstengan de salvar a los niños de sus errores. Más bien, propone ayudarles a centrarse en la búsqueda de una respuesta. También dice que hay que instar a los niños a que asuman la responsabilidad de sus errores en lugar de acusar a los demás.

Al no rescatar a tu hijo cuando hace algo incorrecto, le ofreces un gran avance para conseguir más libertad. Le enseñas que tiene que reconocer su mal comportamiento. Por ejemplo, toma la historia de un chico de instituto que perdió su libro de química. Decidió ir a la tienda de yogur helado del barrio después de los exámenes de fin de curso y, en lugar de guardar el libro en su almacén o en su mochila, lo dejó en una mesa de la cafetería. ¿La razón? No quiso aprovechar la ocasión para ocuparse de él. En ese momento, en lugar de volver a la cafetería después del apuro del yogur helado para coger el libro, se fue a jugar a la pelota. Se imaginó que podría conseguir el libro en la madrugada del día siguiente..

Cuando volvió al día siguiente, el libro ya no estaba. Lo buscó por todas partes, pero sin mucho resultado. Cuando llegó el momento de entregar el libro, se dirigió a su madre y le confesó que no lo había encontrado. El planteamiento de la escuela es "sin libro, no hay nota final". El gasto del libro es de 80 dólares. Cuando por fin le confesó lo que había ocurrido, ella le elogió por reconocer su error, pero le reveló que tendría que ingeniárselas para pagarlo él solo. Pagará el libro con su primer cheque del verano o tendrá que volver a cursar Química el año que viene.

Que paguen lo suyo

Cuando tus hijos empiecen a aprender un oficio o a realizar trabajos secundarios, puedes empezar a enseñarles a ahorrar y a planificar sus gastos. Si sus hijos aprenden a administrar el dinero cuando son jóvenes, tendrán más posibilidades de ser económicamente responsables cuando sean adultos. El aprendizaje de la gestión del dinero cultiva, sin duda, un fundamento básico y profundo de la autonomía de su hijo.

Mostrar autoayuda

En Psychology Today's *Teaching Your Adolescent Independence*, Carl E Pickhardt, Ph.D., compone que hay en todo caso cuatro segmentos que los tutores pueden utilizar cuando enseñan independencia:

- Responsabilidad
- Rendición de cuentas
- Trabajo
- Autoayuda

Todos de pie para RAWS.

La autoayuda puede ser un problema a veces, ya que nosotros, como tutores, estamos muy ansiosos por poner en marcha el espectáculo y ocuparnos de los problemas de nuestros hijos por ellos. La recomendación del Dr. Pickhardt es abstenerse de ayudar a su hijo, para que tenga la oportunidad de desarrollar respuestas por sí solo. Esto puede significar aguantar cuando su niña de 3 años no pueda desabrocharse el abrigo a la vista de que, a pesar de todo, lleva los guantes puestos. Permítele dos o tres minutos para que perciba cómo resuelve el problema ella sola.

Entregar las riendas

Cada día está cargado de muchas decisiones. ¿Manzana o plátano? ¿Preparación de frutos secos o jamón y queso cheddar? ¿Zapatos rojos o azules?

Permitir que tus hijos tomen esas pequeñas decisiones les da una sensación de control y dominio sobre sus vidas que fomenta el razonamiento autónomo. Asimismo, les ayuda a responsabilizarse de las decisiones: ¡por razones desconocidas, ese sándwich de pasta de nueces sabe mucho mejor desde que lo eligieron ellos!

Fomentar la resolución de problemas

Controla tu ansia de rebotar y arreglar. En el momento en que surja un problema, haz una pausa. Ofrezca a su hijo la posibilidad de pensar en soluciones por sí mismo.

Hazles preguntas del tipo "¿Cómo? "¿Cómo podrías hacer que tu hermana se sintiera mejor después de coger su muñeca y romperla?" "¿Cómo podrías asegurarte de encontrar la solución a este problema de matemáticas?" Si necesitas que tengan una mente independiente, no les des todas las respuestas adecuadas.

Fomentar las contribuciones familiares

Cada uno de los miembros de la familia asume una tarea importante en una unidad familiar que funciona eficazmente. Desde poner las servilletas hasta coger los juguetes, instar a los niños a que contribuyan de forma adecuada a su edad les enseña que son una parte de un grupo importante que les necesita. Esto hace que se sientan seguros y que necesiten hacer mucho más.

Promover el esfuerzo

¿Esa punzada perfeccionista? Es exagerada y provoca MUCHA tensión en los niños. A decir verdad, algunos niños están tan seguros del temor a la decepción que no lo intentan. Más bien no se atreven a intentar nada por el miedo a los errores y la consiguiente desaprobación que se deriva de ellos.

Anime a sus hijos a intentar cosas nuevas, a salir de sus rangos habituales de familiaridad y a ser imaginativos sin la tensión de tener éxito o ganar o ser grandes. En el momento en que lo hagas, estarán mucho más preparados para asumir nuevas tareas en el futuro.

Cuando los niños tienden a ser independientes y a tener una mentalidad libre desde edades tan tempranas, les resultará fácil elegir carreras que se ajusten a sus habilidades. Así lo confirman los expertos. Julie Lythcott-Haims, ex decana de los alumnos de primer año de la Universidad de Stanford, señaló en una charla TED que uno de los rasgos comunes a los niños de éxito es que tienen padres que les dejan ser independientes.

Una nota de precaución

Aunque la independencia es muy importante, debemos tener en cuenta que no estamos recomendando un enfoque de "sentarse y ver cómo van las cosas". Usted es su *tutor*. Y como tal, debes participar en la elección y el desarrollo de su carrera. Entonces, ¿cómo puedes participar en el proceso de elección de su carrera sin ser innecesariamente indulgente y dejando espacio para la independencia? Los siguientes consejos deberían ayudar.

Oponerse a considerar a su hijo como una extensión de usted

Tu hijo es una persona especial. No es usted. Las cosas que pueden hacer que te enfades totalmente con un trabajo específico pueden ser las cosas que a ellos les encanta hacer. Lucha contra la tentación de aconsejar a tu hijo que mantenga una distancia estratégica con respecto a un camino concreto porque es algo que no te fascina. Es probable que a su hijo no le entusiasme ir a la universidad a la que usted asistió o hacer el trabajo que usted hace.

Ayude a su hijo a descubrir sus puntos fuertes y sus pasiones

Inste a su hijo a visitar a un instructor de carrera para que le haga pruebas de inclinación. El test de Myers-Briggs, el Inventario de Strong y el Código de Holland son tres de las pruebas que se han considerado muy buenas. Aunque no prescribo que se tomen decisiones importantes a partir de un solo test, confío en que es muy útil realizar una variedad de evaluaciones y buscar patrones entre los resultados. Si su hijo está interesado en una profesión que no parece coincidir con sus puntos fuertes normales, eso no significa que tenga que anular inmediatamente esa elección. Más bien, piense en cómo su hijo podría trasladar sus puntos fuertes naturales a ese campo. Su excepcional punto de vista y sus puntos fuertes en ese campo podrían permitirle realizar un compromiso extremadamente interesante e importante.

Haz que realicen la evaluación de puntos fuertes del libro *Strengths Finder 2.0* de Tom Rath. Preste atención a lo que les resulta fácil y a lo que otros parecen luchar. Tener una comprensión extraordinaria de sus puntos fuertes innatos le permitirá ayudarles a aumentarlos. Del mismo modo, ayúdeles a dar sentido a lo que les fascina.

Ayude a encontrar un mentor para su hijo

Busque un buen ejemplo positivo y fortalecedor para su hijo. En caso de que su hijo muestre un sólido entusiasmo por una profesión específica, ayúdele a localizar un mentor digno en ese campo. Tener un mentor increíble puede impulsar los objetivos profesionales de su hijo.

Exponga a su hijo a una variedad de ejercicios para percibir lo que despierta su curiosidad

Dé a su hijo la oportunidad de intentar nuevos ejercicios. Expóngalo a la naturaleza, a las expresiones humanas, a la ciencia, a los centros históricos, a las criaturas, a los viajes, a las personas... hay un gran número de posibilidades de participar en tareas juntos. Preste atención a lo que despierta su curiosidad. Si hay un tema que les interese o hacia el que muestren energía, anímales a concentrarse en ese punto. Por lo general, la elección de una profesión específica se produce poco a poco, ya que las personas siguen investigando sus inclinaciones a medida que pasa el tiempo.

Descubra su tribu y anime a su hijo a descubrir la suya

Como dijo Jim Rohn, "Eres la media de los 5 individuos con los que pasas el tiempo". Como padre, ¿ha reunido una magnífica tribu de individuos a su alrededor? Además, ¿diría que está instando a su hijo a descubrir su tribu? Desafíe a su hijo a escapar de su rango habitual de familiaridad y a involucrarse con otros fuera de su zona. Independientemente de si se trata de juegos, de una asociación, de un club de negocios o de cualquiera de las diferentes perspectivas, inste a su hijo a pasar tiempo con amigos motivadores. La persona con la que su hijo decida pasar tiempo puede influir enormemente en lo grande que sea su sueño, en lo que acepte que es concebible y en las puertas abiertas que busque. Contar con una tribu impresionante de individuos a lo largo de su vida les ayudará a desarrollar su máxima capacidad y puede influir en muchas decisiones que tomen.

Establecer un buen modelo

Tu hijo te sigue de cerca, así que esfuérzate en ser un ejemplo extraordinario de cómo hacer el trabajo que te gusta. En el momento en que tu hijo te vea construir una carrera que realmente amas, se dará cuenta de que es factible que ellos también descubran y realicen un trabajo que les guste. Nunca se es demasiado mayor para plantearse pasar más tiempo haciendo lo que se ama, así que busca lo que te ilumina y realiza una mayor cantidad de lo que te gusta y menos de la basura sin importancia.

Sea persistente y aliente

Recuérdale a tu hijo que el camino para conseguir el trabajo que le gusta suele ser un largo proceso de autodescubrimiento y prueba. Es posible que cambie de rumbo mientras explora su camino profesional. Muestre amor hacia su hijo durante estas decisiones problemáticas y anímelo a seguir aprendiendo progresivamente sobre sí mismo para que pueda seguir desarrollándose hasta convertirse en el individuo asombroso que está destinado a ser.

Conversa con tu hijo sobre sus inclinaciones.

Pregunte a su hijo cuál es su asignatura preferida en la escuela. Examine las actividades de ocio y los ejercicios extraescolares de su hijo. Anote tanto lo que se le da mal como lo que aprecia. Sintonice y esté atento a las cosas por las que su hijo muestra entusiasmo durante esta conversación.

Puedes empezar la conversación diciendo algo como "¿Cuál es tu clase preferida este año?". Por ejemplo, pueden apreciar las matemáticas y el fútbol, sin embargo, sólo son aceptables en matemáticas.

Utilice dispositivos de evaluación de la carrera para ayudar a determinar los puntos fuertes de su hijo.

Su hijo aún se está desarrollando y formando como adulto y podría sorprenderse al descubrir que tiene puntos fuertes explícitos que podrían ser valiosos en una profesión. Los instrumentos, por ejemplo, las evaluaciones de carácter y las pruebas sancionadas por el estado, por ejemplo, el SAT o el ASVAB, tienen como objetivo señalar los puntos fuertes de un niño. Comprender sus puntos fuertes les permitirá empezar a interesarse por profesiones que les permitan utilizar sus novedosos dones.

Por ejemplo, algunos niños tienen realmente una habilidad para la tecnología. Si es así, una carrera en un campo de la informática puede ser una opción increíble.

Investigue con su hijo las distintas opciones profesionales.

Utiliza las habilidades e intereses que relacionas con tu hijo para dirigir tu búsqueda. Ten en cuenta aspectos como la remuneración, las prestaciones y el plan de trabajo de cada profesión que examines. Puedes descubrir información sobre varios campos profesionales en la web, en ferias de carreras y asesorando a profesionales y organizaciones de ese campo.

Sin embargo, hay que mirar más allá de las carreras tradicionales. De vez en cuando se habla de las carreras habituales, por ejemplo, profesores, especialistas y asesores jurídicos. Muchos niños no se entusiasman con estos campos, y deben ser expuestos a campos más frescos. Los campos de la ciencia y la tecnología cambian cada día, al igual que las expresiones humanas. Hay que estar dispuesto a echar un vistazo a las carreras no tradicionales al igual que a las tradicionales.

Por ejemplo, la web ha ofrecido una enorme oportunidad a los blogueros. Esta profesión no existía hace cien años, pero en la actualidad es un método adecuado para llevar a casa el dinero.

Conversa con personas que trabajan en campos importantes para tu hijo.

En la guía telefónica o en la web puedes encontrar profesionales de prácticamente cualquier ámbito. Póngase en contacto con ellos y compruebe si están dispuestos a reunirse con su hijo. Una reunión directa suele ser más reveladora que la exploración que se hace en la web. Pida a su hijo que se reúna con ellos y prepare una lista de preguntas para plantearles. Algunos modelos pueden ser:

¿Cómo es su plan de trabajo diario?

¿Qué tipo de formación o preparación han tenido para cumplir todos los requisitos de este puesto?

¿Cuál es el salario habitual de esta profesión?

¿Disfrutan de la mayor parte de su trabajo?.

Anime a su hijo a adquirir experiencia práctica en su campo.

La creación de redes y la experiencia son tan importantes como la educación y la preparación. Hay varias formas de adquirir conocimientos y contactos en un campo específico, como la colaboración, el seguimiento y las prácticas. Explique a su hijo que cuantas más gestiones realice, sean o no remuneradas, más genuinamente serán tomadas por los directivos más adelante.

Los niños deben empezar a elaborar su currículum lo antes posible.

CAPÍTULO DOS:

CONSTRUIR RELACIONES SÓLIDAS COMO UNA ROCA

CONFÍA EN

Un gran problema que tienen los hijos y que es uno de los principales factores causantes de la mayoría de los deliquios de la adolescencia y la infancia que tenemos es la falta de una buena relación y compenetración entre los padres y sus hijos. Para desarrollar hijos completos y preparados para el éxito, los padres tienen que convertirse en sus compañeros de vida. Tienen que llevarlos de la mano a lo largo de las diferentes fases de su vida; hay muchos vicios ahí fuera -drogas, acoso escolar- y los niños pueden caer fácilmente en estos hábitos indeseables que pueden desviarles de sus pasiones y de su futuro. La mayoría de estos vicios no se aprenden en casa o en la familia, sino que se adquieren fuera de ella a través de lo que se conoce como presión de grupo. Y sabes que esta relación con los amigos no se puede evitar porque los padres no siempre estarán con sus hijos; y no podemos evitar que vayan a lugares donde se mezclarán con otros niños; se relacionarán con otros en el barrio, irán a las escuelas (y eventualmente, a la universidad). Así que la interacción nunca se puede evitar.

Lo que pueden hacer los padres es hacer que los rasgos negativos no formen parte de ellos. Esto puede hacerse eficazmente siendo amigos de sus hijos.

Sin embargo, una nota de precaución: hay muchos argumentos en contra de que los padres sean amigos íntimos de sus hijos. De hecho, algunos de ellos son expuestos por expertos.

En su libro *The Narcissism Epidemic*, los escritores Jean Twenge y W. Keith Campbell señalan que los tutores se suman al problema cuando intentan convertirse en un conocido cercano de sus hijos. Esto se debe a que los tutores que se autodenominan "amigos" pueden pensar que es difícil aplicar las normas y los principios.

Diferentes investigadores señalan las desventajas de considerar a los niños como amigos. Por ejemplo, cuando los investigadores se reunieron con las niñas preadultas en una escuela, descubrieron que las jóvenes estaban destinadas a encontrar dolor mental si sus madres les exponían sus hábitos de gasto, negocios, problemas personales y emociones pesimistas sobre sus ex.

Para ciertos individuos, la amistad significa que "nadie manda". La amistad es cuidadosamente libertaria. Ninguno de los socios ejerce autoridad sobre el otro. Si esto es lo que se entiende por "amistad", entonces la pregunta se refiere a los efectos de la crianza tolerante (o incluso descuidada) de los hijos.

Las investigaciones proponen que los niños mejoran cuando sus padres muestran amor y autorizan puntos de corte adecuados a su edad en la conducta de sus hijos. También hay pruebas de que la crianza tolerante de los niños se entromete en el avance del autocontrol. Por ejemplo, una investigación sobre niños afroamericanos pidió a los niños que consideraran un acuerdo a partir de circunstancias teóricas que incluían frustración y lucha. Los niños que consideraban que sus padres eran progresivamente tolerantes también estaban obligados a declarar que reaccionarían con fiereza ante circunstancias de contención.

En realidad, no es en absoluto obvio que las confesiones acogedoras de los tutores hagan que los niños se sientan acompañados, en todo caso no cuando las confesiones son molestas. En el examen referido anteriormente, las revelaciones cada vez más puntuales de las madres no estaban conectadas con sentimientos más prominentes de cercanía en sus niñas.

Sin embargo, no todas las confesiones personales son de tipo problemático y, en general, algunos tipos de intercambio fortalecen la relación entre padres e hijos. En una investigación realizada con 790 jóvenes holandeses, los investigadores descubrieron que los niños que anunciaban a sus padres datos confidenciales tenían mejores conexiones y un menor ritmo de delincuencia. Otra investigación sobre niños suecos descubrió que el camino hacia una gran conducta y amabilidad familiar no era el incómodo reconocimiento de los padres. Era el discernimiento del niño de que sus padres le hacían confidencias.

Por lo tanto, la cercanía no tiene por qué inferir que usted está preocupando a su hijo con sus dificultades personales. Además, transmitir confianza no tiene por qué enviar el mensaje de que "todo vale".

Los tutores pueden construir asociaciones estrechas y personales con sus hijos y seguir siendo adultos capaces. Pocas de las extrañas amistades dependen de compartir un estatus equivalente.

Amistades con figuras de poder: Calidez, confianza, compañerismo... y límites Considera al padre que autoriza los confines y se abstiene de estresar a sus hijos con registros punto por punto de sus problemas personales de adulto. Es ante todo una madre para sus hijos. Sea como fuere, también puede considerarse una compañera, ya que ella y sus hijos comparten un sentimiento de fidelidad, confianza y consideración común.

Además... Considera a sus hijos como personas con mente propia. Habla con sus hijos sobre sus consideraciones, expectativas, pensamientos y sentimientos. Comparte con ellos fragmentos de su propia "vida psicológica", no los que pueden molestar a los niños, sino los que les ayudan a considerarse a sí mismos como personas (Ejemplo: "Tengo problemas. Me gustaría que pudiéramos ir a Disneylandia, pero no podemos hacer frente a su coste").

Este pensamiento de la amistad parece estar en sintonía con el veredicto de la investigación sobre las conexiones seguras, la "crianza mental", el orden inductivo (revelar por qué es importante cumplir las reglas) y la crianza legítima (crianza cálida y receptiva, pero además relacionada con expectativas exclusivas).

¿Es esto realmente una amistad?

Es cualquier cosa menos una amistad cuidadosamente libertaria. Se parece cada vez más al tipo de amistad que algunos adultos consiguen tener con figuras de poder, como socios mayores, directores, mentores, pioneros de la red o consejeros estrictos. Las dos partes se consideran mutuamente. Se preocupan y confían el uno en el otro. Pueden mantener discusiones importantes y apreciar la conversación del otro en entornos informales. Sea como fuere, hay superiores. La parte que prevalece necesita guardar silencio sobre cierta información. Además, hay ocasiones en las que la parte prevaleciente debe ejercer su posición.

¿Está justificado, a pesar de todos los problemas? Supongo que depende de tus atributos personales y de tus convicciones sociales. Además, puede que algunos niños no se adapten bien al modelo de padre-compañero-definitivo.Sea como fuere, esto afecta mucho a los niños occidentales que se consideran normalmente receptivos al enfoque razonable, amistoso y autoritario de la crianza.

La "crianza mental" parece contribuir al avance de la compasión del niño. Por ejemplo:

- El orden inductivo (clarificar los propósitos detrás de los principios y los resultados sociales y morales de una conducta terrible) está relacionado con el aumento del autocontrol, no tanto con la hostilidad, sino con un pensamiento moral más desarrollado.

- Los tutores amables, objetivos y receptivos pueden tener un impacto moral progresivo sobre sus jóvenes. En un estudio, se les dio a los estudiantes estadounidenses buenas decisiones especulativas y se les preguntó cómo las manejarían. Los estudiantes menores de edad criados por tutores amistosos eran más propensos que los otros niños a referirse a sus padres -no a sus amigos- como responsables de su buen juicio.

- Unas conexiones estrechas entre padres e hijos basadas en la confianza y la comunicación abierta pueden proteger a los jóvenes de conductas de riesgo. En una investigación sobre alumnos estadounidenses de noveno y décimo curso, los investigadores descubrieron que los niños estaban predispuestos a participar en acciones sexuales si estaban solos. Sea como fuere, las conexiones amistosas entre padres e hijos también eran importantes. Las jóvenes que veían a sus padres como personas de confianza eran menos propensas a participar en la promiscuidad sexual, el tabaco y el consumo de cannabis. Los jóvenes que veían a sus padres como más confiados eran más reacios a consumir alcohol.

De lo anterior se desprende que un enfoque de una sola capitalización para todos no tiene pleno sentido. De ahí que haya que mezclar estrategias. No recomendamos un sistema en el que se conviertan en sus amigos hasta el punto de que ya nadie conozca al padre o a la madre. Es necesario un equilibrio. Hay que crear esa relación estrecha y amistosa con los hijos, pero al mismo tiempo hay que ser discreto al respecto.

Construir la confianza con su hijo es importante. Es el cuadrado de la estructura significativa de cualquier relación. Esto realmente promueve la colaboración y disminuye la desobediencia.

En el momento en que un niño es concebido, la obligación de confianza comienza a desarrollarse. Sea como sea, como tutores, no podemos simplemente concluir y afirmar: "Mi hijo confía en mí". Nuestras actividades y palabras deben coincidir constantemente para aclarar el significado genuino y justo de ser digno de confianza. Una semilla de incertidumbre puede convertirse en un gran árbol de baja autoestima en un niño.

La ausencia de confianza en una relación padre-hijo se manifiesta a través de diferentes prácticas. Independientemente de si se trata de robar dinero, escaparse a la hora de la noche, abrir huecos en las mamparas o no cumplir las promesas, cada una de ellas es una señal de que el grado de confianza en la relación con su hijo puede mejorar.

La confianza, obviamente, es una calle de dos direcciones y es difícil que una persona confíe en otra si ésta no es fiable en términos de comportamiento o de palabra. Aunque tu hijo adolescente confíe en que le darás comida, un hogar y ropa, la historia no termina ahí. Los niños también necesitan confiar en que los padres estarán ahí y responderán con empatía cuando cometan un error, necesitan que los padres inviertan tiempo de calidad con ellos y no los ignoren por el trabajo u otras obligaciones, necesitan que los padres se informen de lo que ocurre en su vida diaria y se interesen de verdad, necesitan que los padres mantengan su afirmación, tienen que tener cenas familiares juntas con regularidad en las que se hable de forma positiva y se intercambien grandes historias, necesitan que los padres proporcionen un hogar protegido sin vibraciones antagónicas constantes o contenciones, y necesitan que los padres enseñen una conducta correcta. Cada una de estas cosas muestra el cuidado y por lo tanto fabrica la confianza.

Normalmente, cuando los niños no reciben una consideración satisfactoria por parte de uno o dos tutores, confunden esa conducta con una ausencia de atención. Para recuperar una parte de esa consideración, en ese momento participarán en conductas defectuosas que regularmente inspiran una reacción de la madre o del padre (o de ambos). En definitiva, cualquier tipo de consideración puede ser superior a la ausencia de consideración. *Entonces, ¿cómo se puede construir esa relación estrecha con los niños?*

Estos consejos deberían ser útiles:

- **Hablando claro**

Ser directo es el componente más importante para generar confianza. Las palabras y actividades manipuladoras ponen en duda al niño y al final le impedirán confiar en ti. Los niños son astutos a la hora de comprobar lo bueno y lo malo. Así que no intentes blindar la realidad.

Una forma de hacerlo, mientras aún se aferra a un misterio de nivel adulto, es simplemente reconocer que hay algún problema que debe ser abordado y, como usted ama al niño y no necesita que lo molesten, no puede divulgar la información. Es sólo un ejemplo, sin embargo, se entiende la idea. No hay que olvidarse simplemente de ellos... básicamente hay que aclararlo de forma brillante. Además, garantízale que pronto lo vas a revisar todo y que después nadie debe estresarse.

Lección: La confianza en sí mismo y la consideración personal también se construyen en el niño. \

- **Manténgase fiel a su compromiso**

Otra lección importante para fomentar la confianza es el compromiso. Los tutores son un buen ejemplo para sus hijos, por lo que, en ocasiones, cuando nos desanimamos, los niños vacilan.

Los niños tienen una habilidad intrínseca para percibir la comunicación no verbal de las personas que les rodean. Captan rápidamente los sentimientos y perciben con prontitud lo que estamos pensando. Por eso, cuando te comprometas, haz todo lo posible por cumplirlo. En caso de que, de alguna manera, no puedas mantenerte fiel a tu compromiso, en ese momento da una razón legítima en lugar de quejarte. Reconoce que no has podido cumplir la promesa, pero no acuses a los demás. Eso establece un modelo inadecuado.

Normalmente, tanto los padres como los hijos hacen promesas y luego las abandonan por falta de tiempo, por mala conducta, por otros ejercicios sociales más atractivos, etc. Este es el enfoque común para disminuir la confianza en el otro. Del mismo modo que los hijos deben ser fieles a sus compromisos con los padres, los tutores deben ser fieles a sus obligaciones con los hijos.

Lección: Los padres también pueden cometer errores de vez en cuando, ya que en su mayoría somos humanos. Lo importante es aprender de los errores.

- **Comunicar sin embargo de forma coherente Dar el primer paso**

En el momento de restablecer la confianza, suele ser tarea de los padres dar el primer paso. Algunos tutores confían en que los jóvenes den el primer paso, pensando que sus hijos tienen que demostrar que tienen ganas de cambiar. Como padre, tienes que establecer el modelo primero. En el momento en que no saben cómo manejar la circunstancia, los jóvenes pueden seguir adelante de tal manera que se agrave el problema.

La comunicación es la base de la confianza. Cuanto más hable directamente con su hijo, más se desarrollará su relación. Busca ocasiones para hablar con tu hijo. Pregúntale por su valoración sobre algo. Escuche con amor, simpatía y sin juzgar.

La comunicación es un avance importante para muchas cosas y esto incorpora la creación de confianza. Es difícil mejorar la confianza en el caso de que no estén impartiendo sus puntos de vista y lo que está sucediendo en la vida del otro.

- **Escuchar primero**

Una cantidad considerable de nosotros oye tristemente a nuestros hijos, sin embargo no los escucha tanto. El primer paso es activar el modo "escucha". En el proceso, comprenda lo que el niño le está haciendo saber. Intenta no adivinar las cosas. Asimismo, vaya más allá para comprender los sentimientos del niño antes de dar cualquier solución o emitir un juicio. Comprenda e intente decidir si el niño está realmente estresado o simplemente está ansioso. Por lo general, el niño simplemente necesita que lo escuches, tal vez para entender las cosas en una solicitud específica en su mente. Así que escuche en lugar de adivinar.

La confianza comienza en las primeras etapas del desarrollo del niño. En el momento en que un niño está triste, tiene que darse cuenta de que su padre o madre reaccionará ante él de forma positiva. Sonríe y habla con delicadeza a tu hijo mientras intentas percibir lo que te quiere transmitir. ¿Es correcto decir que está ansioso, estresado, cansado o simplemente ansioso? ¿Quizá está agotado o necesita que le tranquilicen? Reaccionar a las necesidades de tu bebé es el primer medio para generar confianza.

Lección: Los niños descubren cómo distinguir con mayor probabilidad sus sentimientos y construir una disposición para resolver problemas.

- **Mostrar respeto**

Preste atención y gracia mientras el niño habla. Haz que el niño se sienta respetado haciéndole sentir que es importante. El niño tiene que darse cuenta de que es importante. Ninguno de nosotros confía en una persona que no muestra respeto. Como un niño es joven y aparentemente inocente para nosotros, en general pasamos por alto que estos pequeños benditos niños también tienen sentimientos y un sentimiento de aplomo. Utilizar comentarios difamatorios o no respetar sus consideraciones les da motivos suficientes para no confiar.

Tratarse y dirigirse al otro (y sobre el otro) con respeto es importante para construir la confianza. Es difícil construir una relación de confianza cuando eres niño si te dirigen la palabra de forma irrespetuosa o si sorprendes a tu padre (o a tu hijo) castigándote.

Lección: La autoestima del niño recibe apoyo. Además, el niño aprende a respetar a los demás.

- **Fomentar la transparencia y practicar la responsabilidad**

Asegúrese continuamente de dar buena información y de hacerse cargo de sus actividades. En el caso de que entenderlo todo sea difícil para el niño, reconoce que no puedes compartir todas las cosas, ya que puede ser demasiado difícil de entender.

Garantiza que estás haciendo lo que sea necesario para no ocultar algo, sin embargo los estás protegiendo de salir heridos (emocionalmente). Cuanto más se enrede la información, más desorden gana y en adelante se fomenta la desconfianza.

Lección: Su hijo se da cuenta de cómo comunicarse sincera y claramente.

- **Proceso y paciencia**

Como no es de esperar que su hijo se haga con una idea "adulta" rápidamente, tendrá que tener mucha paciencia y perseverancia y estar preparado para ver el proceso. En cualquier caso, es algo por lo que hay que alegrarse. El tiempo que nos tomamos en el proceso de creación de confianza no es un tiempo desperdiciado. Más bien, se convierte constantemente en un día cargado de conexión de calidad y de conversaciones auténticas y justas con tu hijo. Atesora y saborea estos días y este tiempo juntos, y comprende que realmente estás fabricando en ellos atributos genuinamente espléndidos. Ciertamente, esto lleva tiempo... pero como lleva tiempo implica que no serán cualidades que puedan ser efectivamente derribadas.

La construcción de una relación de confianza se produce después de algún tiempo. De vez en cuando puede sentir que su relación está progresando y en otras ocasiones puede sentir que se está desmoronando. Durante estas ocasiones, es importante que mantengas tu actitud positiva y confiada y continúes con tu acuerdo de construir una relación de confianza. Su esfuerzo en el tiempo extra traerá grandes resultados.

Para que se cree una relación de confianza debe haber coherencia (o persistencia inquebrantable) en la relación. Cuanto más frecuentemente demuestre cada uno que se puede confiar en él, más probable será que se confíe en él. La coherencia fortalece cada relación.

- **Reconocer y apreciar la honestidad**

Apreciar la sinceridad es un componente vital para construir una relación de confianza con su hijo. Haga entender a sus hijos que usted valora que sean sinceros. Esto creará una relación de gran confianza entre usted y su hijo. Además, ayudará a su hijo a convertirse en una persona íntegra. Como dice el refrán: di lo que quieres decir y piensa lo que dices.

- **Evite hacer promesas**

Intenta no hacer promesas a tus hijos en las que no puedas cumplirlas. Esto puede ser una prueba importante, ya que las circunstancias pueden cambiar. Sin embargo, intente cumplirlas, ya que romper las promesas puede ser perjudicial para la relación con su hijo. Si dices que vas a ver un partido de fútbol al final de la semana, asegúrate de que lo harás, y si no lo haces, la próxima vez que prometas algo, se preguntarán si eres muy sincero. En el caso de que parezca que probablemente no tendrás la opción de ser fiel a tu compromiso, díselo a tu hijo con antelación y aclara el motivo.

RESPETO

Esto debe ser mutuo. Es decir, recíproco, los hijos deben respetar y el padre debe a su vez hacer lo mismo. El respeto es importante. Es una idea básica que los niños deben comprender y seguir. El primer lugar donde empiezan a conocer el respeto es en el hogar. Se confía en que demuestren el respeto a sus padres desde el principio, pero la forma más idónea de que descubran cómo hacerlo es a través de sus padres.

Los padres deben respetar a sus hijos, ya que es la manera en que el niño descubrirá cómo respetarse a sí mismo. Los padres son el primer y más importante buen ejemplo para todo lo que el niño hace ahora y en el futuro. La relación que un niño tiene con sus padres afecta profundamente a su desarrollo. Los padres tienen la capacidad de enseñar a sus hijos la mejor manera de respetar a los demás y a sí mismos. Los padres que modelan día a día la conducta apropiada para sus hijos están destinados a fomentar el avance de jóvenes adultos equilibrados que saben cómo y por qué deben tratar bien a los demás.

Puede que te sorprenda, pero respetar a tu hijo como un ser humano y no como un simple niño te hace quererlo.

Hay muchas razones por las que los padres deben respetar a sus hijos. Entre ellas:

Crea una mejor conexión

Los niños aprenden a responder a las circunstancias de todos los que les rodean. No hay nadie de quien aprendan más que de sus padres. Nosotros les programamos y ellos averiguan cómo responder en función de la información y el entrenamiento que reciben de nosotros. Cada vez que derraman algo, rompen algo, logran algo fuera de lugar o se les escapa un detalle y reciben críticas de nosotros, disfrazan lo que se les dice sobre la ocasión.

Cada ocurrencia es una oportunidad para dar gracia y amor a un niño que probablemente no tenía intención de hacer nada incorrecto. La idea de la reacción que obtienen tiene una alta probabilidad de convertirse en la forma en que se califican a sí mismos. Estás programando su voz interior.

En realidad es algo difícil de hacer. Algunas veces simplemente necesitas escapar de la casa y estás tratando de moverlos a lo largo. En otras ocasiones, usted acaba de rehacerse en múltiples ocasiones y se está molestando.

Son minutos en los que la autocontención y el equilibrio te vendrán bien. En el momento en que pienses en ello, verás que fueron oportunidades para construir una asociación estrecha con ellos. Si enseñas a tu hijo a quererse a sí mismo, se sentirá vinculado a ti y acabarás siendo un modelo de paciencia y generosidad.

Si eres duro con ellos todo el tiempo, aprenderán a ser duros con ellos mismos también, y siempre recordarán dónde lo descubrieron.

En las dos situaciones, el niño averiguará cómo ordenar la leche derramada. Sea como fuere, sólo en una aprenderán paciencia, elegancia y benevolencia en el proceso.

Crea una imagen positiva de ti mismo

Las personas recuerdan cómo les afectaste antes de recordar lo que dijiste o hiciste en un momento determinado. No hay lugar donde esto sea más genuino que con nuestros propios hijos. Los niños recuerdan primero sus reacciones apasionadas ante las ocasiones. Sus cerebros no están preparados para pensar a fondo en todo lo que les rodea. Muchos encuentros negativos causan impresiones negativas.

Si su hijo se lleva una impresión negativa de usted, después de un tiempo estará menos dispuesto a seguir su modelo, lo que podría dificultar la construcción de una relación sólida con él. Su capacidad para convertir a su hijo en un alumno voluntarioso depende de una relación positiva con él.

Eso no significa que haya que ser demasiado suave. El cerebro humano no se forma completamente hasta los 25 años. No estarán equipados para un pensamiento completo de nivel adulto hasta ese momento. Si entiendes esto, comprenderás que la forma en que haces sentir a tus hijos es un factor colosal para que salgan adelante.

Sin embargo, en el caso de que se sientan asociados a ti lo suficiente como para confiar en ti, en ese momento estarán obligados a seguirte hasta que se hagan respetar. Mientras experimentan este proceso, lo ideal es que te admiren todo el tiempo.

Crea una imagen positiva de sí mismo

La persona a la que un niño admira (o no) desempeñará un papel muy importante en la formación de su propia imagen. Los niños a los que se les enseña a mostrar respeto y se les demuestra en el hogar desarrollan una gran propensión a las relaciones y descubren cómo acercarse a los demás con respeto.

Los individuos que no lo hacen, luchan por saber cómo tratar a los demás. A medida que van bajando, empiezan a disfrazar las lecciones de sus actividades cotidianas. Intenta no creer que todo se trata de las grandes ocasiones. Los pequeños acontecimientos del día a día pueden afectar dramáticamente a la forma en que un niño se ve a sí mismo. Como niño y joven, la observación se moldea significativamente más por el sentimiento que por la racionalidad o la lógica.

Marca su interacción con los demás

Habitualmente, la forma en que los adultos tratan a los demás es una impresión de cómo se tratan a sí mismos. Animar a tu hijo a ser considerado consigo mismo es un gran avance que puedes hacer para cultivar en él la capacidad de tener asociaciones sólidas con los demás.

Cada día darán un pequeño avance en su camino hacia la autoconciencia. Tú eliges si necesitas que ese camino se aclare con una autoconciencia positiva o con una autoconciencia negativa. A medida que experimenten la vida se darán cuenta de lo que organizan debido a lo que han realizado a través de sus encuentros, especialmente los que tienen contigo.

Si se les ha educado en el respeto, la consideración y la compasión hacia sí mismos y hacia los demás cuando son niños, estarán obligados a hacer lo mismo cuando sean adultos.

En el caso de que su brújula interior esté tan centrada en no destruir las cosas, ya que necesitan dar en el clavo en la primera ocasión, cuando pasarán por alto el componente humano que entra en la totalidad de nuestros encuentros diarios y harán cosas y tomarán decisiones por encima de las personas y las conexiones. No se darán cuenta de que los individuos importan más en la vida que las asignaciones.

Se ganan aún más el respeto de los demás

Demuestra a tu hijo la competencia social de forma constante. Las propensiones que tu hijo adquiere en tu casa es lo que llevará al mundo.

Esto incluye el respeto. El mejor método para garantizar que aprendan a respetar a los demás es mostrarles cómo debe hacerse en tu propia casa. Al hacerlo, aprenderán de sus encuentros con usted mucho más de lo que podrían aprender si se lo dicen o lo leen en un libro. El efecto de esta metodología puede verse desde los dos lados. Tómese un minuto para considerar un día con la familia en el que las cosas simplemente no funcionaron positivamente. Los tenemos todos.

¿Le ha gritado a su hijo? Si esto es cierto, ¿cómo pudieron responder? ¿Es exacto decir que estaban perturbados? ¿Les has visto empezar a tratar a los demás de la misma manera que a ellos? ¿Tienen un pariente al que empezaron a gritar en esta línea a lo que habían experimentado recientemente?

Así que, en términos prácticos, ¿cómo puedes mostrar o demostrar respeto en tus hijos sin entregarles la batuta del control?

Permita que su hijo tome decisiones sobre su cuerpo.

Del mismo modo que no agrediríamos el espacio físico de un adulto, tampoco deberíamos hacerlo con un niño. Permita que su hijo elija si quiere o no abrazar a alguien; no le obligue ni le haga sentir culpable en caso de que no quiera abrazar a un amigo en ese momento. El mensaje que le envíes a tu hijo cuando le permitas tomar decisiones sobre su cuerpo en la actualidad puede afectar a cómo se siente sobre sus privilegios y su capacidad en el futuro.

Una forma de respetar a nuestros hijos y mostrarles el respeto que merecen es darles opciones o permitirles elegir. Por ejemplo, no debemos repartir todo lo que el niño se va a poner al día siguiente en el colegio si el niño no tiene ninguna decisión positiva en el asunto. Al preguntar a los niños: "¿Qué quieres ponerte mañana en el colegio?", les demuestras que valoras su valoración y lo que creen que es importante para ellos. Obviamente, esto no significa que debamos dejar que se pongan cosas que no son apropiadas, pero es respetable permitir que el niño contribuya a su propia vida.

Utiliza los buenos modales al relacionarte con los niños.

Puede parecer un sinsentido, pero tiene sentido. Cuando damos ejemplo de cuidado y cortesía, no sólo les estamos mostrando el método adecuado para tratar a todas las personas (grandes y pequeñas), sino que también les estamos transmitiendo un sentimiento de autoestima.

Reaccionar con gracia ante los errores

Esto implica dejar de reírse cuando su hijo comete un error, o se cae, o se pone los vaqueros al revés, o se atasca en el pelo. Para nosotros puede ser divertido, pero para un niño puede ser muy mortificante que se rían de él cuando comete un error.

Dejar que hagan las cosas por sí mismos

Servimos regularmente a los niños; y esto no es sólo una demostración de servilismo hacia ellos, sin embargo es arriesgado, ya que en general ahogará su movimiento útil sin restricciones. En lugar de servir a tu hijo y saltar continuamente para ayudarle, intenta primero aceptar que tu hijo puede hacerlo sin necesidad de nadie más. Permitir que tu hijo se sirva su propia leche, que ordene lo que ensucia, que se vista por sí mismo, que lleve su propio plato de sopa a la mesa para comer, capacitará a tu hijo, apoyará su confianza y aumentará su capacidad para hacer esa tarea específica; en definitiva, aprender es hacer.

Escuche

Permita que su hijo hable por sí mismo, independientemente de que tenga una inclinación que requiera cierta inversión para conseguirlo con fuerza y rapidez. Utilice la paciencia y la conexión visual, y absténgase de obstaculizar o completar sus frases. En el momento en que le muestre a su hijo que lo que tiene que decir importa, le demostrará que puede utilizar su voz en una amplia gama de circunstancias.

Permitirles su privacidad

Una parte de mostrar respeto a los niños es recordar que algunas cosas pueden ser humillantes para ellos, y que confían en que usted mantenga su vida privada... en privado. Por ejemplo, evita hablar de tu hijo con otros adultos antes que con él. Mostrar respeto incluye vigilar las emociones genuinas de tu hijo, y hacerlo así cimentará la confianza en ti, y seguirá desarrollándose con el tiempo, dado que eres sincero y sólido.

Dudar en responder

En caso de que en algunos casos se sienta como si estuviera en el extremo receptor de la avalancha de preguntas de su hijo, permanezca conectado con ellos, muestre interés, pero no se apresure a ofrecer una respuesta.

En el momento en que los padres reaccionan rápidamente a cada dirección, solicitud o petición, los niños aprenden a confiar en las reacciones rápidas y se sienten decepcionados cuando los padres no reaccionan con rapidez. Cuando no ofrecemos al niño la oportunidad de dar sentido a la respuesta por sí mismo, mostramos una ausencia de confianza en sus capacidades y sembramos la semilla de la impotencia y la dependencia excesiva de los padres.

Para no fomentar la impotencia, insto a los padres a reaccionar con calma. Este es un método impresionante para poner el mono en la espalda de su hijo y ofrecerle la oportunidad de lidiar con la circunstancia actual.

Utilice una disciplina amable y firme para instruir, no para castigar.

La disciplina pretende instruir o preparar, no castigar. No tiene por qué ser punitiva. De hecho, las investigaciones han demostrado que la disciplina positiva tiene mucho más éxito y es más duradera que los sistemas punitivos.

Si disciplinamos con un tono amenazante o duro cuando nuestros hijos han hecho algo mal, les estamos enseñando a ser despiadados y brutales con otras personas que cometen errores. ¿Quién no comete errores?

Supongamos que comete un error sin sentido en el trabajo y el supervisor le habla de forma despectiva. Eso debe sentirse extremadamente humillante, ¿no es así? ¿Alguno de nosotros, en esta línea, tendría más respeto por ese jefe? No, ¿verdad? Lo mismo con los niños, ser crueles o utilizar una disciplina difamatoria no nos hará ganar respeto.

En cualquier caso, la disciplina positiva no equivale a ser "suave" o indulgente. Se puede ser firme y amable al mismo tiempo mientras se entrena. Definir límites firmes y cumplirlos son las claves de una disciplina eficaz.

Enmendar los errores cometidos

Un adulto maduro y respetuoso reconoce su responsabilidad y se disculpa cuando el individuo en cuestión comete errores.

Decir "lo siento" a tu hijo no socava tu posición como padre. En realidad, está reforzando su posición y su validez. Estás dando muestras de fiabilidad y creando confianza con tu hijo.

Ser un modelo de honestidad para nuestro hijo

independientemente de que sea humillante de vez en cuando, nuestra impotencia les mostrará que confiamos en ellos y ellos serán sinceros con nosotros y también confiarán en nosotros. Esto también puede significar decir "lo siento" cuando entendemos mal algo, en lugar de acusar a otra persona. "No he entendido la situación. Lo que debería haber hecho es... Lo que debería haber dicho es...".

Cuando sientas que un niño es irrespetuoso

Mantén la calma y no explotes cuando creas que tu hijo está siendo irrespetuoso. Distinga la causa de la falta de respeto y concéntrese en mostrar una alternativa de solución de problemas.

CAPÍTULO TRES[1]:

DISCIPLINA

AMABILIDAD

La expresión "disciplina" tiene su origen en la palabra latina "disciplinare", que significa "educar". Muchas personas, sea como fuere, relacionan la palabra con el castigo, lo que equivale a un error en cuanto al significado completo de la palabra. La disciplina, aplicada adecuadamente, utiliza una metodología multifacética, que incluye el modelado, las recompensas y los castigos que instruyen y refuerzan la conducta deseable. A través de la disciplina, los niños pueden aprender el autocontrol, la autoconciencia, la capacidad y el sentimiento de cuidado.

La disciplina infantil son los métodos utilizados para prevenir conductas indeseables en los niños. La palabra disciplina se caracteriza por conferir conocimientos y habilidades, cuyo objetivo es, en definitiva, instruir. La disciplina es utilizada por los padres para mostrar a sus hijos buenos deseos, reglas y normas. La disciplina infantil puede incluir premios y castigos para mostrar autocontrol, aumentar las prácticas deseables y reducir las prácticas incorrectas.

Aunque la razón de la disciplina infantil es crear y construir propensiones sociales atractivas en los niños, un objetivo definitivo es cultivar el buen juicio y la ética para que el niño cree y mantenga la autodisciplina durante el resto de su vida. En su sentido más amplio, la

---

[1]

disciplina alude a la orientación ordenada que se da a un subordinado. Disciplinar significa educar a un individuo para que siga un conjunto específico de reglas aceptadas.

La palabra disciplina pretende conferir conocimiento y habilidad, educar. En cualquier caso, se suele equiparar con el castigo y el control. Hay un gran debate sobre los enfoques adecuados para disciplinar a los niños, y los padres están regularmente desconcertados sobre los enfoques viables en la medida de lo posible para impartir el autocontrol en su hijo.

La disciplina es la estructura que permite al niño encajar en esta realidad presente de forma alegre y adecuada. Es el establecimiento para la mejora de la propia autodisciplina del niño. La disciplina efectiva y positiva está ligada a la educación y a la dirección de los niños, no simplemente a obligarlos a cumplir. Al igual que con cualquier otra mediación prevista para llamar la atención sobre una conducta insatisfactoria, el niño debe darse cuenta constantemente de que el padre adora y apoya a la persona en cuestión. La crianza es la tarea de educar a los niños y proporcionarles el material vital y la consideración apasionada para avanzar en su mejora física, entusiasta, subjetiva y social. Enseñar a los niños es uno de los deberes más significativos y a la vez más problemáticos de la crianza, y no hay formas alternativas.

El ritmo apresurado de la sociedad actual puede ser un obstáculo para el éxito de la disciplina. El objetivo de una disciplina viable es fomentar una conducta digna y adecuada en el niño y criar adultos bien desarrollados. Un individuo disciplinado puede experimentar la felicidad, es considerado con las necesidades de los demás, es decisivo sin ser contundente o antagónico, y puede soportar el malestar cuando es necesario.

La base de una disciplina viable es el respeto. El niño debe tener el deseo de considerar el poder de los padres y, además, los privilegios de los demás. La irregularidad en la aplicación de la disciplina no ayudará a que el niño considere a sus padres. La disciplina implacable, por ejemplo, la vergüenza (el ataque bullicioso, los gritos, las burlas) también dificultará que el niño considere a sus padres y confíe en ellos. Por lo tanto, la disciplina convincente implica la disciplina aplicada con consideración compartida de manera firme, razonable, sensata y constante. El objetivo es proteger al niño del peligro, ayudarle a aprender la autodisciplina y construir un corazón sólido y una conciencia interna de las expectativas y el control de los demás. Asimismo, debe impartir valores.

La Academia Americana de Pediatría propone que un marco disciplinario exitoso debe contener tres componentes. Si estos tres aspectos están presentes en un programa de disciplina, el resultado es una mejora de la conducta infantil. Los componentes son:

- una situación de aprendizaje descrita por conexiones positivas y constantes entre padres e hijos
- un procedimiento proactivo para la educación precisa y el refuerzo de las prácticas deseadas

- una técnica de respuesta para disminuir o eliminar las prácticas no deseadas

Hay algunas razones por las que los niños pueden no actuar adecuadamente, como la ausencia de medidas disciplinarias viables. Los niños también suelen descontrolarse cuando se les niega la consideración de los adultos o cuando están agotados, exhaustos o hambrientos. Los niños de familias influidas por la separación y la partición, la pobreza, el abuso de sustancias y la infelicidad de los padres parecen correr un mayor riesgo de sufrir problemas de conducta. También puede haber factores biológicos, como los trastornos por déficit de atención/hiperactividad y ciertas disposiciones que inclinan a determinados niños a crear problemas. También hay investigaciones que proponen que las medidas disciplinarias crueles pueden aumentar la mala conducta.

En un mundo perfecto, la disciplina depende de los deseos adecuados de cada niño. Debe utilizarse para establecer puntos de corte sensatos de manera constante, pero permitiendo cierta independencia. La disciplina muestra tanto los principios sociales como los buenos, y debe proteger a los niños del daño fomentando lo que es deseable. Asimismo, debe orientar a los niños para que respeten los derechos y las necesidades de los demás.

ESTILOS DE CRIANZA

En función de cómo perciben y aplican la disciplina, los padres o estilos parentales pueden agruparse generalmente en cuatro, a saber: Autoritario; Autoritario; Permisivo y Desenvuelto. Los cuatro se describen a continuación:

AUTORIDAD

Los padres autoritarios suelen ser considerados como disciplinarios.

- Utilizan un estilo de disciplina severa con poca consideración. Los castigos son normales.
- La comunicación suele ser unidireccional: de padres a hijos. Las normas, por regla general, no se aclaran.
- Los padres con este estilo suelen dar menos apoyo.
- Las expectativas son altas con una adaptabilidad limitada.

¿Le suena alguna de las siguientes afirmaciones?

- Aceptas que los niños deben ser vistos y no escuchados.
- Con respecto a las reglas, confías en que es "a mi manera o no".
- No se reflexiona sobre las emociones de su hijo.

En el caso de que alguna de esas cosas le suene a usted, es posible que sea un padre autoritario. Los padres tiranos aceptan que los niños deben adherirse a las normas pase lo que pase.

Los padres autoritarios son aclamados por decir: "Ya que lo he dicho", cuando un niño aborda las razones de una norma. No les gusta la consideración y hacen hincapié en la aquiescencia y la obediencia.

Asimismo, no permiten que los niños se enfrenten a dificultades o situaciones de pensamiento crítico. Más bien, elaboran los principios y aplican los resultados con poco respeto por los sentimientos del niño.

Los padres autoritarios pueden utilizar los castigos en lugar de la disciplina. Así, en lugar de mostrar al niño cómo tomar mejores decisiones, se esfuerzan por hacer que los niños se sientan frustrados por sus errores.

Los hijos de padres tiranos corren un mayor peligro de crear problemas de autoestima porque sus sentimientos no son estimados. También pueden volverse hostiles o agresivos. En lugar de mejorar en el futuro, suelen insistir en el descontento que sienten hacia sus padres. Dado que los padres tiranos son frecuentemente severos, sus hijos pueden llegar a ser mentirosos aceptables con el objetivo de evitar el castigo.

Un padre autoritario tiene deseos y resultados claros, pero muestra poca calidez hacia su hijo. El progenitor puede hacer afirmaciones como "como soy tu madre, esa es la razón". Este es un tipo de crianza menos eficaz, y no es realmente recomendable.

AUTORIDAD

Los padres autoritarios son razonables y afectuosos, y establecen expectativas altas y claras. Los niños con padres que muestran este estilo actuarán en general con disciplina natural y tendrán una mente independiente. Se cree que este estilo es generalmente provechoso para los niños. Los principios disciplinarios son claros y las razones de los mismos están aclaradas. La comunicación es regular y adecuada al grado de comprensión del niño. Los padres autoritarios son afectuosos. Las expectativas y los objetivos son elevados, pero se expresan con claridad. Los niños pueden contribuir a los objetivos.

¿Te suena alguna de estas afirmaciones?

- Te esfuerzas mucho por crear y mantener una relación positiva con tu hijo.

- Aclara las razones de sus principios.

- Usted autoriza reglas y da resultados, pero piensa en las emociones de su hijo.

Si estas afirmaciones le suenan a usted, es posible que sea un padre autoritario. Los padres autoritarios tienen normas y utilizan resultados, pero también tienen en cuenta los sentimientos de sus hijos. Aprueban los sentimientos de sus hijos, al tiempo que aclaran que los adultos acaban teniendo el control.

Los padres con autoridad dedican tiempo y energía a prevenir los problemas de conducta antes de que empiecen. También utilizan procedimientos de disciplina positiva para reforzar la buena conducta, como elogios y bucles de recompensa.

Los especialistas han descubierto que los niños que tienen padres autoritarios están bien encaminados para convertirse en adultos fiables que se sienten bien comunicando su mente interior. Los niños criados con disciplina autoritaria serán en general optimistas y fructíferos. También serán aceptables a la hora de tomar decisiones y evaluar los peligros por sí solos.

PERMISIVO

Los padres permisivos o indulgentes suelen dejar que sus hijos hagan lo que necesiten y ofrecen una dirección o un consejo limitados. Son más compañeros que padres. Su estilo de disciplina es algo contrario a la severidad. Tienen principios restringidos o no los tienen y generalmente dejan que los niños resuelvan los problemas solos. La comunicación es abierta, pero estos padres dejan que los niños elijan por sí mismos en lugar de orientarlos. Los padres tienden a ser cariñosos y a nutrir a sus hijos. Los objetivos son normalmente insignificantes o no son fijados por estos padres.

¿Te suena alguna de estas afirmaciones?

- Estableces principios, pero de vez en cuando los pones en práctica.
- No se dan resultados todo el tiempo.
- Crees que tu hijo aprenderá mejor con poca interferencia tuya.

En el caso de que estas afirmaciones se refieran a usted, es posible que sea un padre permisivo. Los padres permisivos son misericordiosos. Frecuentemente intervienen cuando hay un problema difícil. Son muy indulgentes y adoptan la mentalidad de "los niños serán niños". Cuando utilizan resultados, puede que no hagan que esos resultados se mantengan. Pueden devolver los beneficios si un niño lo pide o pueden permitir que un niño se escape de la ruptura antes de tiempo en la remota posibilidad de que prometa ser aceptable.

Los padres permisivos suelen asumir más una labor de acompañantes que de padres. Instan con regularidad a sus hijos a que hablen con ellos sobre sus problemas, pero en su mayoría no invierten mucha energía en desalentar las malas decisiones o la mala conducta.

Los niños que crecen con padres permisivos están abocados a competir escolarmente. Pueden mostrar una conducta social progresiva, ya que no reconocen la autoridad ni las normas. Frecuentemente tienen una baja autoestima y pueden manifestar una gran miseria.

También corren un mayor riesgo de sufrir problemas médicos, como la obesidad, ya que los padres permisivos luchan por limitar los malos hábitos alimentarios. Están considerablemente obligados a tener caries dentales porque los padres permisivos no suelen autorizar grandes propensiones, como garantizar que el niño se cepille los dientes.

Un padre permisivo muestra mucha amistad hacia su hijo, pero le impone poca disciplina. A veces, este es un tipo de crianza menos eficaz.

PADRES NO IMPLICADOS

Los padres no implicados dan a los niños muchas oportunidades y, en general, evitan darles instrucciones. Algunos padres se decantan por una opción consciente de la crianza de los hijos, mientras que otros tienen menos ganas de criar o no saben qué hacer.

Los rasgos comunes incluyen:

- No se utiliza ningún estilo de disciplina específico. Un padre no implicado deja que el niño haga lo que necesita, probablemente por falta de información o de cariño.

- La comunicación es limitada.

- No hay muchas o ninguna expectativa sobre los niños.

¿Te suena alguna de estas afirmaciones?

- No recibes información sobre la escuela o el trabajo escolar.

- Rara vez sabe dónde está su hijo o con quién está.
- No inviertes mucha energía con tu hijo.

Si esas afirmaciones le suenan más a usted, es posible que sea un padre no implicado. Los padres no implicados tendrán en general poco conocimiento de lo que hacen sus hijos. En general, apenas habrá principios. Es posible que los niños no reciban mucha dirección, cariño y consideración de los padres. Los padres no implicados prevén que los hijos se críen solos. No dedican mucho tiempo ni vitalidad a satisfacer las necesidades fundamentales de los niños.

Los padres no implicados pueden ser descuidados, pero no siempre es deliberado. Un padre con problemas de bienestar psicológico o de abuso de sustancias, por ejemplo, probablemente será incapaz de pensar en las necesidades físicas o sociales de su hijo de forma constante.

En diferentes ocasiones, los padres no implicados necesitan conocimientos sobre el desarrollo de los niños. Además, de vez en cuando, se ven desbordados por diferentes asuntos, como el trabajo, la cobertura de las pestañas y el trato con la familia. Los niños con padres no implicados son propensos a luchar con problemas de autoestima. En general, tendrán un rendimiento escolar ineficaz. También muestran problemas de conducta y son infelices en serie.

NOTA: No existe un estilo de crianza perfecto o "mejor". Sin embargo, hay algunos de los estilos de crianza anteriores que son aparentemente indeseables, en particular los métodos de crianza autoritarios (el exceso de rigor, el exceso de regulación) y los métodos de crianza no involucrados (el exceso de relajación, totalmente sin intervención).

LA IMPORTANCIA DE DISCIPLINAR A LOS NIÑOS

A pesar de que la "disciplina" suele tener un significado negativo, es tan vital como el afecto, la alimentación y otras virtudes deseables con respecto a la crianza de un niño. Tenemos que apreciar cada momento con nuestros hijos, por lo que a veces puede ser muy bueno tratar de ponerles límites.

Hay muchas razones por las que un padre puede no tener ningún deseo de disciplinar a un niño. Algunos padres pueden ser reacios a disciplinar a sus hijos porque necesitan abstenerse de luchar o porque prefieren que su hijo no se resienta. Otros pueden no ser capaces o ser reacios a dedicar tiempo y vitalidad a la tarea de disciplinar a los niños. Además, otros pueden tener recuerdos infelices de haber sido disciplinados cuando eran niños y pueden necesitar hacer las cosas más sencillas a sus propios hijos aflojando las reglas y dándoles rienda suelta.

En cualquier caso, la verdad del asunto es que la disciplina no está ligada a la creación de conflictos con su hijo o a la lucha contra la frustración. La disciplina infantil, cuando se hace con precisión, no está vinculada con el intento de controlar a su hijo, sino con decirle la mejor manera de controlar su propio comportamiento. No se trata de castigar a un niño por hacer algo incorrecto, sino de establecer parámetros claros y consecuencias por desafiar las normas, para que descubra cómo disciplinarse a sí mismo.

Obviamente, al final de un largo día de trabajo, cuando tanto usted como su hijo están cansados, puede ser cualquier cosa menos difícil ser menos firme con la disciplina. En cualquier caso, esos minutos son igual de importantes para establecer los límites que lo que ocurre el resto del día. Es normal que un niño te ponga a prueba; a decir verdad, es normal porque es la forma en que los niños aprenden. Las pruebas son fundamentales para que los niños conozcan su entorno y descubran lo que es adecuado y lo que no. Los niños necesitan sentir los límites, ya que eso les da seguridad y bienestar, que son el establecimiento de un aprendizaje entusiasta y psicológico. Cuando los niños tienen una sensación de seguridad, pueden coordinar su vitalidad para conectar con su entorno general e investigarlo. Si no se establecen esos límites, la vitalidad del niño se dirige más bien a las prácticas de prueba negativas.

Los niños tienen una necesidad innata de sentirse asegurados y los límites impuestos por una disciplina suficiente satisfacen esa necesidad al darles seguridad y bienestar. Cuando las pruebas se intensifican, es un mensaje para el adulto: el niño está implorando esencialmente que lo detengas. Es significativo que reaccionemos: "Voy a detenerte ya que te quiero". En las aulas, hay una gran variedad de niños que de vez en cuando ponen a prueba sus límites. En estos ejemplos, no pueden conectar con los materiales de la clase o construir asociaciones con sus compañeros, en vista de que más bien están en el método de preguntar continuamente "OK, ¿qué más podría hacer, hasta que alguien me detenga?"

Por lo tanto, la disciplina está ligada a mostrar a los niños un conjunto de cualidades que pueden utilizar para controlarse a lo largo de la vida. Este marco puede propiciar una vida apasionada más ventajosa que avance en la mejora de la autoinspiración, el autocontrol, el carácter y el dinamismo. A fin de cuentas, la disciplina permite a los niños crear autodisciplina y les anima a convertirse en adultos genuinos y socialmente desarrollados.

Los niños son, en su mayor parte, gas y no frenos, ya que no tienen en cuenta los resultados normalmente. Debes hacer que tu hijo tenga en cuenta los resultados. Ten una conversación fácil sobre cómo tratar bien a las personas, instrúyeles que no puedes reprender a los demás por sus decisiones. La disciplina les dice que no soportas esa conducta y que habrá consecuencias para ese comportamiento.

RAZONES POR LAS QUE LOS PADRES DEBEN DISCIPLINAR A SUS HIJOS

En realidad, hay una serie de razones sorprendentes por las que los padres necesitan disciplinar a sus hijos. A continuación se exponen:

La disciplina ayuda a los niños a controlar la ansiedad

Sinceramente, los niños prefieren no tener el control. A menudo ponen a prueba los límites sólo para asegurarse de que sus figuras paternas puedan protegerlos. Cuando los adultos ofrecen consecuencias positivas y negativas, los niños se desarrollan y aprenden.

Los niños que tienen padres excesivamente permisivos suelen sufrir tensiones al tener que tomar decisiones de adulto. La ausencia de dirección y la falta de autoridad pueden ser muy perturbadoras para los niños.

La disciplina enseña a los niños a tomar buenas decisiones

La disciplina adecuada enseña a los niños a utilizar el buen juicio. Por ejemplo, cuando un niño pierde su bicicleta al salir a la calle, se da cuenta de cómo tomar decisiones más seguras la próxima vez.

Una buena disciplina enseña a los niños enfoques electivos para satisfacer sus necesidades. Los niños necesitan aprender habilidades de pensamiento crítico, control de la conducción y habilidades de autoguiado a partir de una disciplina adecuada.

Es esencial reconocer la distinción entre consecuencias y castigos. Cuando los niños son disciplinados con consecuencias adecuadas, aprenden de sus errores. Los castigos, en todo caso, implican en general que los niños aprendan rápidamente a no ser atrapados cuando se meten en problemas.

La disciplina enseña a los niños a gestionar sus emociones

Cuando un niño recibe una reprimenda después de pegar a su hermano, aprende habilidades que le ayudarán a lidiar mejor con su enfado más adelante. El objetivo de la reprimenda debería ser enseñar a tu hijo a ponerse en pausa o a alejarse de la circunstancia cuando se enfada antes de meterse en problemas.

Otras técnicas de disciplina, como el estímulo, también pueden enseñar a los niños a gestionar sus emociones. En el momento en que usted afirma: "Te estás esforzando por montar esa torre a pesar de que es extremadamente difícil hacerlo. Sigue haciéndolo genial", descubre la importancia de soportar las decepciones.

Despreciar el pequeño mal comportamiento puede enseñar a los niños enfoques socialmente adecuados para manejar su insatisfacción también.

La disciplina mantiene la seguridad de los niños

Un objetivo definitivo de la disciplina debe ser proteger a los niños. Esto incluye cuestiones de seguridad importantes, por ejemplo, mirar a los dos lados antes de cruzar la calle. Debe haber consecuencias cuando tu hijo no juega con seguridad.

La disciplina debe abordar también otros peligros para la salud, por ejemplo, la prevención de la obesidad. Si dejas que tu hijo coma todo lo que quiera, puede encontrarse con auténticos peligros para su salud. Es esencial establecer puntos de corte sólidos y ofrecer instrucción para que su hijo sepa cómo tomar decisiones sólidas.

Aclare los propósitos ocultos detrás de estas pautas para que su hijo comprenda las cuestiones de seguridad. En lugar de decir: "Deja de saltar", cuando tu hijo esté saltando en la cama, explícale por qué es un problema. Dígale: "Podrías caerte y golpearte la cabeza". Hazle saber el motivo.

En el momento en que tu hijo se entere de las razones que hay detrás de tus reglas, y comprenda los peligros particulares de seguridad, estará obligado a considerar los peligros de seguridad cuando no estés allí para guiarlos.

LA MANERA CORRECTA DE DISCIPLINAR

La forma en que los padres aplican la disciplina difiere de un padre a otro y de una cultura a otra; sin embargo, algunos consejos generales pueden ser suficientes:

Mantener la calma

Puede que te sientas tentado a dejar que tus sentimientos burbujeantes te confundan, pero la indignación y la hostilidad no conseguirán transmitir el mensaje a los niños; más bien se asustarán y quedarán desconcertados. Intenta tener una visión objetiva o incluso redactar un plan preconcebido sobre el comportamiento aceptable en caso de que tu hijo se porte mal.

Compromiso y elección discrecional de la disciplina

Los estudios demuestran que los tipos de disciplina de mayor impacto incorporan compromisos de contribución, prestando poca atención al grado de mala conducta del niño.

El compromiso ayuda a los niños a aprender a comunicarse y les impulsa a buscar una mejor conducta. Sea como fuere, hay que tener en cuenta que un exceso de compromiso a largo plazo puede hacer que los niños rebeldes o fieros se metan en problemas más a menudo. Cada asunto no debería ser una guerra. Si eres continuamente incoherente con tu hijo, al final te bloqueará. Escoge admirablemente qué cuestiones son lo suficientemente importantes como para manejarlas.

Utilizar el razonamiento

Para las prácticas menos extraordinarias, por ejemplo, el llanto o la queja, el razonamiento también ha demostrado ser un enfoque de impacto para impresionar la disciplina.

A pesar de que puede no ser tan poderoso en el momento para determinados tipos de travesuras, el razonamiento es realmente el mejor procedimiento de disciplina a largo plazo.

Los niños pueden cambiar mejor su comportamiento cuando entienden realmente por qué lo que hicieron no estuvo bien. Los estudios demuestran que los niños están bien encaminados para mostrar preocupaciones empáticas si tienen padres que les ayudan a gestionar los sentimientos negativos, por lo que depende de ti ayudar a conversar con ellos sobre cómo las emociones influyen en el comportamiento, y al revés.

Establezca límites y cúmplalos

Con el ajetreo que afecta a las familias de hoy en día, puede resultar muy difícil ser coherente en los planes diarios. Sea como fuere, los niños prosperan cuando tienen una estructura y conocen sus límites. Cuando los deseos se transmiten inequívocamente con antelación, los niños tienen una estructura con la que trabajar.

Esto no significa que tengas que pasarte de la raya con varias normas, sino que debes centrarte en lo que es generalmente significativo para tu familia. Ten claras las pautas y lo que ocurre cuando alguien infringe las normas: asegúrate de que todo el mundo comprende los resultados desde el principio y de que la disciplina se identifica con esa conducta concreta.

En el caso de que se niegue a respetar los límites de tiempo de la tecnología, perderá sus beneficios tecnológicos para el día o la semana siguiente (dependiendo de la edad). Sin embargo, hacer que limpie la cochera porque no hizo su trabajo no está relacionado y por lo tanto no es un resultado adecuado.

Lo más importante es ser coherente. Termina cada vez con el resultado acordado cuando los niños empujen las reglas. Sin embargo, ten cuidado para que no te vuelvas demasiado previsible.

Retirar los privilegios

Aunque una paliza escuece durante un momento o dos, eliminar un beneficio perjudica durante más tiempo.

Retira la televisión, los juegos de ordenador, su juguete preferido o una actividad agradable para la tarde y tendrá un recuerdo para no repetir esa chapuza.

Aclare cuándo se pueden recuperar los beneficios. Por lo general, 24 horas son suficientes para que su hijo aprenda de su desliz. Así que puede decir: "Has perdido la televisión por el resto del día, pero puedes recuperarla mañana si coges tus juguetes en la primera ocasión que te pregunte".

Cada niño tiene algo precioso para él. No es malo que esa cosa se convierta posiblemente en el factor más importante, si es necesario.

Los juguetes blandos más queridos, los teléfonos móviles, los aparatos de juego, etc., podrían utilizarse en su beneficio. En caso de que sus advertencias no hayan logrado atraer la atención de su hijo, quítele una cosa durante un tiempo y deje que su hijo descubra de una vez por todas que las acciones tienen consecuencias.

Permitir las consecuencias naturales

Las consecuencias naturales permiten a los niños aprender de sus propios deslices. Por ejemplo, si tu hijo dice que no quiere ponerse un abrigo, deja que salga a la calle y se enfríe, siempre que esté resguardado para hacerlo.

Utiliza las consecuencias naturales cuando creas que tu hijo aprenderá de su propio paso en falso. Controle las circunstancias para garantizar que su hijo no experimente ningún peligro real.

Hay una tarea escolar que su hija ha pospuesto durante unos catorce días. Es la noche anterior en la que se espera que se entregue y ella está en un frenesí. Usted le advirtió hace siete días que no se demorara hasta el último minuto, pero en cualquier caso ocurrió. En estos momentos está suplicando que la ayudes. Intenta no apoyarla y deja que experimente las secuelas de sus actividades. La tensión, la pérdida de descanso y la terrible evaluación la instruirán para tomar mejores decisiones la próxima vez.

Enseñar nuevas habilidades

Al considerar cómo disciplinar a su hijo, es esencial recordar la importancia de la raíz de la palabra disciplina: educar, enseñar, dirigir, iluminar. El enfoque más idóneo para disciplinar a tu hijo es ayudarle a tomar mejores decisiones mostrándole el comportamiento o la reacción adecuados. El juego de roles o el modelado es una forma excelente de hacerlo.

Por ejemplo, si tu hijo tiene problemas para relacionarse con los demás y esto hace que pegue a otro niño, en lugar de apartarlo, difunde la tensión y demuéstrale el método adecuado para reaccionar.

Además, aquí está la parte divertida: cambia los papeles e imagina que tú eres el niño y deja que tu pequeño te dirija para tomar las mejores decisiones.. Intenta no anticiparte a que tu hijo reaccione adecuadamente tras una ronda de juegos de rol. Sin embargo, la práctica va ganando terreno y el progreso hace que haya más armonía en tu hogar.

En conclusión, anímese cuando sus hijos tomen las decisiones correctas, o incluso cuando muestren cualquier evolución en el sentido correcto. "¡Veo que te has esforzado en ordenar la cocina completamente solo! Eso es una gran mejora. Lo valoro mucho" o "Gracias por ofrecer el libro a tu hermano. Qué amable".

Uno de los principales problemas de los azotes es que no enseñan a tu hijo a actuar mejor. Darle unos azotes porque ha perdido los nervios no le enseña a calmarse cuando se enfada.

Los niños salen ganando al saber cómo abordar los problemas, manejar sus sentimientos y comprometerse. Cuando los padres fomentan estas habilidades, los problemas de comportamiento disminuyen increíblemente. Utilice una disciplina planificada para instruir, no para castigar.

Pide un tiempo muerto.

El tiempo fuera puede ser especialmente útil cuando se incumple una pauta concreta. Este instrumento de disciplina funciona mejor advirtiendo a los niños que tendrán un tiempo fuera en caso de que no dejen de hacerlo, recordándoles lo que han estropeado en pocas palabras -y con la menor emoción posible- y expulsándolos de la circunstancia durante un periodo de tiempo preestablecido (1 momento para un niño maduro es una pauta decente y fiable). En el caso de los niños de 3 años, se puede dejar que los niños dirijan su propio tiempo fuera en lugar de poner un temporizador. Puedes decir simplemente: "Ve al tiempo muerto y vuelve cuando te sientas preparado y a cargo". Este procedimiento, que puede permitir al niño aprender y ensayar las habilidades de autoadministración, también funciona admirablemente para niños y adolescentes más maduros.

Elogiar y recompensar el buen comportamiento

Es, con mucho, una de las estrategias más eficaces para aplicar una disciplina de calidad. En lugar de golpear a un niño por su mal comportamiento, recompénselo por su buena conducta. Por ejemplo, si su hijo se pelea con sus parientes con frecuencia, establezca un marco de recompensas para inspirarle a convivir mejor con ellos. Dar una fuerza motivadora para actuar puede reducir el mal comportamiento rápidamente. Las recompensas ayudan a los niños a concentrarse en lo que tienen que hacer para obtener beneficios, en lugar de subrayar el terrible comportamiento del que deberían mantener una distancia estratégica.

Prevenga los problemas de comportamiento encontrando a su hijo aceptable. Por ejemplo, cuando esté jugando agradablemente con su pariente, llámale la atención. Diga: "Hoy estás haciendo un gran trabajo compartiendo y relacionándote".

Cuando haya varios niños en la sala, ten en cuenta y aclama más a los niños que cumplen las normas y se comportan bien. En ese momento, cuando el otro joven empiece a actuar, dale también elogios y consideración.

Predicar con el ejemplo

Los niños admiran a sus padres, por lo que, en el caso de que necesites que tu capacidad sea cariñosa, empática y comprensiva, tú también deberías serlo. Puedes ver que cuando tu hijo es joven y está aprendiendo, absorbe cosas como voces, imitando sonidos y comportamientos, así que ¿por qué no darles grandes características para imitar?

En caso de que cometas un error, no pasa nada; simplemente sé informativo con tu hijo, para que él también pueda aprender de ello.

ESTRATEGIA BASADA EN LA EDAD

Si bien las anteriores son guías un tanto genéricas sobre cómo aplicar la disciplina a los niños, hay algunos consejos específicos que se refieren y pertenecen sólo a un determinado grupo de edad de los niños, y esto es bastante lógico. Las estrategias disciplinarias deben cambiar a medida que el niño envejece. Lo que funcionaba para tu hijo a los 2 años puede no ser viable a los 7.

Tienes que percibir cuándo tus técnicas de disciplina no son viables y necesitan ser modificadas.

Es importante comprender que la edad desempeña un papel en el tipo de disciplina que es mejor. No se puede pretender emplear la disciplina de un niño pequeño en un adolescente que está en camino de convertirse en adulto. Aquí voy a ofrecer una división de la estrategia de crianza basada en la agrupación de ciertas categorías de edad:

BEBÉS

Los bebés, en su mayor parte, no necesitan disciplina. Simplemente están descubriendo el mundo y no tienen una idea de lo que es un buen comportamiento o un mal comportamiento. Eso llegará pronto, cuando sean niños pequeños.

Sea como fuere, esto no implica que los bebés no hagan cosas que requieran consecuencias. Por ejemplo, no necesitamos que nuestro hijo de varios meses se deslice hasta un interruptor eléctrico y coloque su dedo en él.

La clave es crear una situación protegida con el objetivo de que el bebé pueda investigar su realidad de forma protegida. En el caso de que creen comportamientos, por ejemplo, golpear o contactar con cosas que no deberían, se pueden redirigir.

Redirige la atención de los bebés. Dales algo seguro con lo que puedan contactar y jugar. Es fundamental mostrarles la distinción entre "contacto sí" y "no tocar". Si no puede cumplir con el "no tocar" para una cosa en particular, por ejemplo, tirar del pelo del felino, en ese momento expulsa la cosa de su vista y capacidad de contacto. Un niño de pocos meses probablemente no comprenda la idea de un tiempo muerto.

La clave con los bebés es que necesitan amor, consuelo y redirección en lugar de disciplina, por ejemplo, tiempo fuera. Simplemente están construyendo su sentimiento de sí mismos y encontrando su entorno general. En poco tiempo serán niños pequeños y las consecuencias pueden convertirse en parte de la rutina. Hasta ese momento, es asunto de los padres alejar a los niños de las circunstancias y cosas peligrosas.

El padre puede desviar o redirigir a su hijo cuando el comportamiento debe cambiar. Encuentre enfoques innovadores para desviar la atención de su hijo. No es necesario que se moleste con la disciplina por coger el mando a distancia de la televisión. Más bien el padre necesita esencialmente suplantar el control remoto con un juguete y hacer que el juguete se muestre innegablemente más intrigante y fascinante que un aburrido control remoto.

TODDLERS

La redirección del comportamiento también es útil para los niños pequeños. Si tienes un niño pequeño, acabarás diciendo "no" más de una vez. Tienes que elegir qué comportamientos se pasan de la raya y requieren consecuencias. Otros comportamientos pueden ser redirigidos de la misma manera que lo harías con ellos en la etapa infantil.

En esta fase son útiles las compensaciones verbales directas. En el momento en que los desagravios verbales se quedan cortos, hay que actuar. A veces, los niños pequeños simplemente están probando cosas para percibir lo que pueden hacer.

Conozca sus puntos de corte, para saber cuándo el comportamiento ha ido demasiado lejos y la reprimenda verbal no es suficiente. De este modo, podrás pasar a otras estrategias, como el tiempo fuera, la retirada de juguetes o la expulsión de beneficios (cosas sencillas para los niños pequeños, como no tomar yogur helado).

Las rabietas y los arrebatos de los niños pequeños son la norma. En el caso de que tengas un hijo que no experimente una etapa de arrebato que incluya gritos y golpes, en ese momento eres afortunado y tu hijo es un unicornio. Para todos nosotros, necesitamos una gigantesca porción de persistencia, una respiración profunda y una calma de nuestra psique y sentimientos cuando comienzan los arrebatos.

Los siguientes consejos pueden ayudar mejor a los niños pequeños:

- **Evite los desencadenantes que puedan causar rencor**

Intenta mantenerte alejado de los factores desencadenantes que puedan provocar los ataques (como pasar por alto su hora de la siesta o sus golpecitos y acabar con un "niño enfadado"). En el momento en que esté al aire libre, expúlsese de la circunstancia abierta.

- **Las mejores consecuencias para los ataques de los niños pequeños son los tiempos de silencio impuestos.**

Esto no es lo mismo que un tiempo fuera. El tiempo fuera suele ser un número de minutos indistinto al de la edad del niño (si el niño tiene 3 años, entonces tiene un tiempo fuera breve). Los ataques de ira requieren un tiempo extra para que el niño se calme y se recupere.

- **La clave con los niños pequeños es resistir el impulso de entrar en pánico.**

Tú debes ser su piedra, no el que la pierda cuando ellos la pierdan. Sé claro y firme con tu hijo. Necesitan ver que tú mandas y que alguien tiene el control. Mantén tu centro y sé excepcionalmente firme. Puedes decir: "No nos vamos a quedar aquí. Podemos volver cuando puedas controlarte. Nos vamos ahora".

- **El tiempo de espera puede comenzar durante la etapa de los niños pequeños.**

Un único asiento asignado como asiento de tiempo fuera es útil para hacer que esta estrategia de resultados sea consistente y razonable para el niño. Se puede utilizar un temporizador asignado como "tiempo fuera".

Una regla general para la duración del tiempo fuera es que la cantidad de periodos largos de la edad del niño es una medida similar de minutos para el tiempo fuera (por ejemplo, 2 minutos para un niño de 2 años, 3 minutos para uno de 3 años, y así sucesivamente). En el caso de que el niño siga encontrando un asiento de tiempo fuera a su ritmo, en ese momento el padre debe mantener el regreso del niño a su asiento de tiempo fuera hasta que su tiempo fuera haya terminado.

- **Hay algunos niños a los que les va bien un tiempo de espera cuando pueden sentarse con mamá o papá.**

Necesitan que sus padres estén allí, ya que es un consuelo de que aún son queridos a pesar del hecho de que están siendo disciplinados. Eso funciona también mientras se les expulsa de sus juegos y juguetes, el resultado del tiempo fuera en su asiento con mamá o papá cerca de ellos está bien.

PREESCOLARES (2-3 AÑOS)

Los tiempos muertos también son útiles para los niños en edad preescolar. La edad preescolar es el momento en el que se puede empezar a ver que algunas estrategias de disciplina funcionan para un niño, pero pueden no funcionar para otro.

En el caso de que su hijo esté obsesionado con su camión de bomberos que tiene que llevar a la tienda, a la capilla y al preescolar, en ese momento se da cuenta de que será poderoso en la eliminación de este juguete para la medida disciplinaria si es necesario. Para nuestros hijos depende de la gravedad de la actividad. Para golpear que causó la lesión a un pariente ellos perderán ese juguete para un día entero.

No necesitas que el niño se sienta vencido, así que no tomes medidas para descartarlo porque eso es muy duro. Más bien, lo adecuado es dejar de jugar con ese juguete durante un tiempo determinado.

Un consejo disciplinario recomendado que es propio de esta edad (pero que casi no se practica en ningún sitio) es razonar y discutir a fondo sus comportamientos.

En esta etapa es importante ser cada vez más minucioso en el razonamiento y la discusión del comportamiento y las consecuencias. Necesitas que tus hijos comprendan por qué les quitas su juguete preferido o les das un tiempo fuera. También es necesario que sientan la sensación de desarrollar el bien y el mal en su corazón y en su psique.

Cuando comprenden que ridiculizar o golpear a sus parientes provoca sentimientos de dolor y daño físico, pueden empezar a sentir el tormento y el dolor de sus parientes. Se sentirán mal por sus actividades.

Posiblemente, pero no inmediatamente, sin embargo, a medida que se desarrollen y usted sea consecuente tanto con las consecuencias como con las discusiones tranquilas y empáticas sobre sus actividades y las consecuencias subsiguientes, descubrirá que construirán un sentimiento más notable de arrepentimiento y empatia.

El objetivo no es sólo cambiar su comportamiento. Es cambiar su corazón y sus inspiraciones. Necesitas que tus hijos quieran convivir con los demás y se sometan a las normas. Lo harán cuando comprendan las razones que hay detrás de esas normas, las consecuencias claras, y sus sentimientos estén comprometidos con el procedimiento.

La disciplina es dirigir sus corazones tanto como gestionar sus actividades.

NIÑOS EN EDAD ESCOLAR

En el momento en que los niños llegan a la edad escolar, suele ser el momento en el que el tiempo fuera cesa. Sea como fuere, hay momentos en los que se requiere un tiempo de calma en su habitación. Para las modificaciones de mentalidad y los episodios emocionales, el tiempo en la habitación para que el niño se calme lejos de los demás (y del hardware) suele ser útil. Algunos trucos de disciplina que son un tanto peculiares para este grupo, y que realmente ayudarán a su desarrollo educativo y profesional, incluyen

- **Quitar el tiempo de pantalla**

Aquí es donde los gadgets son cada vez más significativos. Independientemente de si se trata de una tableta individual, una PDA o un televisor, los niños en edad escolar están cada vez más conectados a estas cosas. Se convierte en un simple punto de acceso a la disciplina viable. Pierden tiempo en su gadget electrónico como una ramificación de las reglas que se rompen.

Ninguna autoridad infantil parece poder afirmar todavía que negar a un niño el tiempo de pantalla será perjudicial para él. Por el contrario, se ha demostrado lo contrario. Por lo tanto, la eliminación del tiempo de pantalla como resultado de sus comportamientos puede ser ventajoso para ellos en un mayor número de maneras que uno.

Asegúrese de que el límite de tiempo es razonable con la gravedad del comportamiento. En caso de que no hayan hecho la cama esa mañana, posiblemente una limitación de una hora esté bien. Por dañar deliberadamente su propiedad familiar o herir a otro niño, el aparato puede ser confinado durante un día entero o más, dependiendo de la gravedad de su comportamiento.

Una vez más, es de suma importancia que el niño comprenda el "por qué" de las reglas, para que comprenda por qué son vitales las consecuencias cuando se rompen las reglas.

- **Frenar y reducir los privilegios**

Esto también es eficaz para los niños en edad escolar. Comprenda a su hijo y sus deseos para que esto sea efectivo. Por ejemplo, puede tener un hijo al que le gusta ir a montar en bicicleta con los niños del vecindario después de la escuela. Es posible que tenga problemas en el colegio por algo que usted considere que merece que se le limite a montar en bicicleta después del colegio durante un día o dos. Asegúrese de que su hijo entienda por qué se le impone el resultado e intente hacer que el tiempo sea beneficioso, por ejemplo, redactando una expresión de remordimiento al instructor o al niño al que insultó en la escuela.

En la edad escolar es cuando los compañeros se vuelven progresivamente más esenciales para los niños. La socialización es una parte importante de la mejora. Sea como fuere, cuando el mal comportamiento es lo suficientemente extremo, en ese momento se puede limitar el tiempo con los compañeros. "Establecer" es lo que mis padres llamaban. En el momento en que los niños están en edad escolar, puede ser básicamente no permitirles ir a la fiesta de cumpleaños de un compañero. Una vez más, asegúrate de que tu disciplina no es excesivamente dura. En el caso de que confíen en que usted es excesivamente duro y serio en sus disciplinas, en ese momento se enmarcarán sentimientos de desprecio.

Hable con sus hijos en edad escolar sobre qué disciplinas consideran razonables o irrazonables y para qué infracción en concreto. Estas conversaciones abiertas pueden ayudarle a desarrollar estrategias disciplinarias razonables que también sean eficaces para su hijo.

DESVENTAJAS DE LAS MEDIDAS DISCIPLINARIAS PUNITIVAS

Hasta ahora en este libro, he dejado claro que ningún método disciplinario es el "mejor"; sin embargo, ha quedado claro que existen algunos que simplemente no tienen ningún sentido, especialmente si se consideran las realidades de hoy en día. Algunos de los efectos negativos de la aplicación de formas incorrectas de disciplina en los niños son los siguientes. Un buen número de ellos está respaldado por la investigación:

Cambios psicológicos y cerebrales

El daño físico logra más que poner a un niño en peligro de cosas como huesos rotos y cortes, a pesar de que estos son sin duda cuestiones dignas de mención. Golpear también disminuye la materia de la mente y provoca disminuciones en el coeficiente intelectual, según el terapeuta de la Escuela de Medicina de Harvard Akemi Tomodo en una investigación de 1.455 personas distribuida como, *Reducción del volumen de materia gris cortical prefrontal en adultos jóvenes expuestos a castigos corporales severos* en Neuroimage en 2010. Casi con toda seguridad, el temor y el tormento que experimentan los niños hace que la reacción de presión se incremente. Esto modifica la salud mental cuando la vitalidad se coloca en estar en alerta para la amenaza en lugar de aprender.

Reducción de la capacidad verbal y problemas de comunicación

Los niños que son azotados regularmente como tipo de disciplina tienen menos capacidad verbal a los 5 años que sus homólogos que no son azotados. Asimismo, muestran todos los comportamientos más externalización, por ejemplo, la animosidad, como se indica por el educador de la Universidad de Columbia Michael MacKenzie y sus asociados en una investigación de 4.200 niños distribuidos como "Beating and Child Behavioral and Cognitive Outcomes Through 5 Years old enough" en Infant and Child Development en 2014. Los individuos que son golpeados tendrán en general menos capacidad para percibir sonidos y más problemas para hablar que los individuos que no son castigados físicamente, lo que puede influir en los dos trabajos escolares y sociales. Los científicos potencian una etapa que se aleja de los cinturones y las bofetadas y se acerca a otras opciones diferentes, que pueden incorporar la conversación abierta o los "tiempos muertos", en los que los padres se sientan con sus hijos hasta que se calman y pueden dirigirse a ellos con calma.

Ansiedad y mal desarrollo social

La disciplina física provoca ansiedad y agresividad. Estos comportamientos pueden influir en los niños en la escuela y pueden empujarlos a tener problemas o hacer que otros niños se alejen de ellos, lo que conduce a problemas sociales. En cualquier caso, cuando la calidez materna -como los acurrucamientos u otros comportamientos de ayuda- es alta, estos impactos a pesar de todo ocurren por la disciplina física. Agarrar el calor materno y el respaldo sin la disciplina física podría ser progresivamente eficaz en la expansión de la asociación y el suministro de los niños con una base para la necesidad de satisfacer el padre. Esto puede disminuir los comportamientos indeseables y conducir a una menor ansiedad y agresión en general.

La mala disciplina no es disciplina

Además del hecho de que los golpes aumentan los comportamientos negativos como la agresividad, sin embargo cualquier medida de nalgada es ineficaz en general. Mientras que algunos niños dejan de tener un comportamiento en el momento presente después de una nalgada, están obligados a seguir haciéndolo a largo plazo, particularmente cuando los padres no se encuentran. Utilizar estrategias de disciplina que aclaren más brevemente por qué estos comportamientos no son correctos en un nivel distinto al de "Porque te harás daño si lo haces", es fundamental para detener los comportamientos a largo plazo y disminuir los comportamientos negativos que se expanden con los golpes.

REPENSAR LA DISCIPLINA

La disciplina no debe ser una mala palabra; la palabra latina que la designa significa lo mismo que enseñar o instruir. Creo que por eso nos referimos a la disciplina de una persona como su carrera. Como tal, nuestras acciones al aplicar la disciplina con nuestros hijos deberían reflejar esta noción. Necesitamos un cambio de paradigma en el pensamiento de la disciplina, pasando de verla como una palabra que apesta a castigo corporal a una palabra que incorpora todo el proceso de desarrollo de nuestros hijos; debemos darles una paliza y empezar a enseñarles.

CAPÍTULO CUARTO:

MODELO DE PAPELES

COLABORACIÓN

Hasta ahora hemos hablado de la independencia, la confianza y el respeto, así como de la disciplina adecuada. Todos ellos tienen que ver con la relación de los padres con el niño y no se centran en los propios padres. Los propios padres tienen que trabajar en sí mismos. Alguien que va a construir otra persona de éxito debe ser también una persona de éxito, al menos, por dentro. Por lo tanto, al hablar de los padres como modelos de conducta, haremos hincapié en el papel del desarrollo personal y cognitivo de los padres, antes de examinar el concepto más amplio de modelo de conducta.

Los modelos de conducta suelen ser objeto de un profundo respeto y copia. A través de sus propias características y logros, pueden motivar a otros a esforzarse y crear sin una guía directa. Por su cercanía y colaboración ordinaria con sus hijos.

Los padres pueden servir de modelos de conducta constantes y progresivos para sus hijos. Los padres pueden ser modelos de aprendizaje incorporando a la vida cotidiana lo que los niños en edad escolar acaban de aprender.

Los niños son concebidos sin información social ni habilidades sociales, y buscan enérgicamente a alguien a quien imitar. Ese "alguien" suele ser uno o los dos padres. Los padres son los primeros instructores y modelos del niño. Además, la mayoría de los niños están más influenciados por lo que hacen sus padres que por lo que dicen. Descubren cómo seguir adelante percibiendo cómo actúan sus madres y padres y siguiendo su ejemplo.

Utilizar las habilidades sociales es un método increíble para modelar un comportamiento positivo y elevar la intrepidez de un niño. Un niño aprende buenos hábitos con mayor eficacia cuando "por favor" y "gracias" forman parte de su vida cotidiana.

Mostrar respeto por los demás. Los padres que desprecian a los demás con regularidad están mostrando a sus hijos que los demás no son importantes. Si necesita que su hijo tenga en cuenta a los demás, hágalo también. Insta a todos los familiares a que se dirijan a los demás con deferencia.

Es importante ser coherente en la educación y dar ejemplo. Si le dices a tu hijo que no debe pegar a nadie y, en ese momento, le das una nalgada como disciplina por su mal comportamiento, tu hijo se confundirá con las señales mezcladas.

Los padres no son perfectos. Perdemos los estribos, hacemos declaraciones que nos molestan y, en general, no somos tan amables como quisiéramos. Somos humanos. Es fundamental reconocer nuestros errores, declarar que estamos apenados y mostrar que intentamos arreglar las cosas. Ser un modelo positivo para tus hijos es una de las cosas más significativas y gratificantes que puedes lograr para tu hijo.Como padre,

Los modelos de conducta suelen ser objeto de reverencia e imitación. A través de sus propias características y logros, pueden motivar a otros a esforzarse y crear sin una guía directa. Debido a su cercanía y comunicación habituales con sus hijos, los padres pueden ser modelos de conducta constantes y en desarrollo para sus hijos. los padres pueden ser modelos de conducta para el aprendizaje incorporando lo que los niños en edad escolar acaban de aprender a su vida diaria.

Los padres no son perfectos. Perdemos los estribos, hacemos declaraciones que nos molestan y, en general, no somos tan amables como quisiéramos. Somos humanos. Es importante reconocer nuestros errores, declarar que estamos apenados y mostrar que intentamos arreglar las cosas. Ser un modelo positivo para tus hijos es una de las cosas más significativas y gratificantes que puedes lograr para ellos.

Los modelos de conducta suelen ser objeto de deferencia y copia. A través de sus propias características y logros, pueden mover a otros a esforzarse y crear sin una guía directa. Debido a su cercanía y conexión ordinaria con sus hijos, los padres pueden ser modelos de conducta constantes y en desarrollo para sus hijos. los padres pueden ser modelos de conducta para el aprendizaje coordinando lo que los niños en edad escolar acaban de aprender en la vida diaria.

Los niños son concebidos sin información ni habilidades sociales, y buscan ansiosamente a alguien a quien suplantar. Ese "alguien" suele ser uno o los dos padres. Los padres son los primeros instructores y modelos de conducta del niño. Además, por regla general, los niños están más influenciados por lo que hacen sus padres que por lo que declaran. Descubren cómo actuar percibiendo cómo actúan sus madres y padres y siguiendo su ejemplo.

Utilizar las habilidades sociales es un método extraordinario para modelar un comportamiento positivo y aumentar la seguridad en sí mismo de un niño. Un niño aprende buenos hábitos con mayor eficacia cuando el "por favor" y el "gracias" forman parte del día a día.

Mostrar respeto por los demás. Los padres que desprecian a los demás con regularidad están mostrando a sus hijos que los demás no son importantes. Si necesita que su hijo tenga en cuenta a los demás, hágalo también. Insta a todos los familiares a que se dirijan a los demás con deferencia.

Es importante ser coherente al instruir y dar ejemplo. Si le dice a su hijo que no debe pegar a nadie y, en ese momento, le da una paliza como disciplina por su mal comportamiento, su hijo se confundirá con las señales mezcladas.

Los padres no son perfectos. Perdemos los estribos, hacemos declaraciones que nos molestan y, en general, no somos tan amables como quisiéramos. Somos humanos. Es importante reconocer nuestros errores, declarar que estamos apenados y mostrar que intentamos arreglar las cosas. Ser un modelo positivo para tus hijos es una de las cosas más significativas y gratificantes que puedes conseguir para ellos.

Como padre, lo que haces muestra a tu hijo cómo necesitas que actúe. Por ejemplo, la forma en que te adaptas a sentimientos como la decepción y la miseria repercute en la forma en que tu hijo gestiona sus sentimientos. Lo que comes, la cantidad de ejercicio que haces y el aspecto que tienes después, todo ello repercute en tu hijo.

Lo que usted diga también es importante. Puedes ayudar a tu hijo a gestionar y controlar su comportamiento hablando de cómo éste influye en los demás. También puedes hablar más con tu hijo sobre los contrastes entre lo bueno y lo malo. Este es un buen momento para ello, porque tu hijo está desarrollando su capacidad de entender las experiencias y los sentimientos de los demás.

La forma en que usted se comporta transmite una señal a su hijo de que éste es el tipo de comportamiento que usted respalda. Si lo que los niños ven en su comportamiento no es lo mismo que lo que se les dice, es probable que su hijo se confunda y se enfade. Asimismo, podría oscurecer los deseos y los límites, lo que llevaría a la lucha y la decepción entre usted y su hijo.

El modelado de roles se corresponde con todo, desde cómo se manejan los sentimientos, por ejemplo, la insatisfacción y la indignación, hasta cómo se considera y se identifica a los demás, pasando por cómo se reacciona a la presión y se adapta a los problemas. Asimismo, influye en ejemplos como la alimentación, el ejercicio físico, el cuidado de uno mismo y el pensamiento crítico.

¿CÓMO PUEDE USTED SER UN EXCELENTE MODELO PARA SU HIJO?

Habla con los demás

Por desgracia para los padres, la frase "haz lo que digo, no lo que hago" no funciona. Los niños pueden rastrear la hipocresía como un perro, y aprenden más de los padres que exhiben coherencia entre sus actividades y sus cualidades "predicando con el ejemplo".

En el caso de que no necesites que tus hijos se escapen del colegio fingiendo una dolencia, en ese momento es mejor que no mientas diciendo que te has tomado un día de trabajo "borrado".

En el caso de que no necesites que tus hijos inviertan energía innecesaria en aparatos tecnológicos, debes limitar el uso de aparatos similares.

Los niños consideran a los adultos que viven según las reglas que les enseñan. La hipocresía frustra a los niños y les hace buscar modelos electivos a los que seguir.

Sé un modelo a través de lo que dices

Tus hijos no sólo te observan con cautela en busca de señales sobre cómo ser; también te sintonizan. La manera en que hablas, lo que hablas y los sentimientos que expresas tendrán un impacto en sus cualidades.

Piensa en cómo te diriges a ellos, a tu cónyuge, a tus amigos y vecinos, a la persona que registra en el supermercado.

¿Modelas el respeto a los demás con tus palabras y tu forma de hablar?

¿Muestran tus palabras respeto por las diferencias y resiliencia hacia todos los individuos o refuerzan sutilmente la ausencia de reconocimiento de los demás, únicos en relación a ti?

¿Intimidan a sus hijos con palabras duras y peligros cuando se portan mal, o reaccionan con una disciplina basada en el respeto a la humanidad de sus hijos?

Forja una estrecha relación con tus hijos

Tendrás un mayor impacto en la vida de tus hijos si tienes una relación cálida y duradera con ellos, y tus hijos te imitarán si se sienten cerca de ti y reforzados por ti.

Dales amor genuino en un ámbito protegido que también les da disciplina consistente, firme y flexible para que comprendan lo que se espera de ellos.

Escúchales sin juzgarles cuando estén disgustados. Ofrezca sus propias emociones con ellos para que encuentren un buen ritmo; comparta una parte de sus decisiones y dinámicas como ejemplos para controlarlos.

Descubra enfoques para jugar con ellos, para compartir intereses, para apreciar la conversación del otro (preparar una cena, hablar de una aparición en la televisión, hacer deporte juntos, etc.).

Construya una asociación con ellos que dependa de la confianza para que se den cuenta de que pueden contar con usted cuando lo necesiten, de modo que sepan cómo ser fiables en consecuencia.

Sé un buen modelo de conducta a través de tus acciones

Tus hijos te verán vivir estas lecciones en el caso de que seas benévolo contigo mismo cuando cometas un error y en el caso de que seas tolerante con ellos cuando lo hagan. Además, en caso de que usted aborde los problemas y los enfrentamientos en su propia vida, (por ejemplo, el intento de perder kilos o la gestión de un vecino problemático) y ofrezca el procedimiento con sus hijos durante un tiempo adecuado, puede instar a sus hijos a abordar sus intereses comparativamente.

Estás modelando para tus hijos una forma de afrontar la vida que recuerda para ir desarrollándose, aprendiendo, mejorando y avanzando. Qué increíble lección de vida para que tus hijos aprendan.

Les quita un gran peso de encima (no necesitan ser perfectos) porque les has modelado cómo tratarse a sí mismos y a otras personas cuando se producen los inevitables descalabros. ¡Qué comportamiento más alegre e idealista para dar a tus hijos!

Sé la versión de ti mismo que quieres que sean tus hijos

Pregúntese qué tipo de individuos necesita que sean sus hijos, y después considere qué puede hacer para modelar los comportamientos y las mentalidades que reflejen ese tipo de individuo. Este es otro método para decir que es útil para usted inspeccionar sus propias cualidades.

Por ejemplo, ¿necesita que sus hijos:

- ¿crear una actitud trabajadora?
- ¿Ser generoso?
- ¿tiene valor?
- ¿se pone a batear por sus creencias?
- ser amable y servicial?

- ser diligente y trabajador?
- ¿estar seguro de sí mismo?
- ser un miembro activo de la sociedad?
- ¿se cuidan mucho el cuerpo?
- ¿Estar disponible para nuevos aprendizajes? ¿Descubrir el placer de la curiosidad?

En caso de que desees estas cualidades en tus hijos, ¡hazlo tú mismo!

CONCLUSIÓN: *CUIDA DE TI MISMO*

Ser el mejor padre que puedas ser y apoyar a tu hijo durante sus años de instituto requiere persistencia, calma, tiempo y fuerza. A pesar de que tu familia es una necesidad, ellos también dependen de ti. Haz que tu propio bienestar sea tan importante como el de tu familia, y no sientas remordimientos por requerir tiempo para ti. La protección, el espacio, la armonía y la calma se esperan con frecuencia para recargar las pilas y poder atender los problemas de tu familia.

Nadie puede hacerlo solo - en el caso de que necesites apoyo, conéctate con personas en las que confíes y respetes para que te aconsejen. Es posible que descubras que otros padres tienen experiencias similares, y suele ser alentador saber que no eres el único que se siente abrumado de vez en cuando.

www.ingramcontent.com/pod-product-compliance
Lightning Source LLC
Chambersburg PA
CBHW050304120526
44590CB00016B/2487